谨以此书献给高等教育出版社

70

1954　2024

成立　周年

周远清

周远清教育人生（二）

肖笑飞 编

中国教育出版传媒集团
高等教育出版社·北京

感悟人生
诚 谢同仁

周远清

目录

i

第一编

发出建设高等教育强国的声音

　　建设高等教育强国是中国高等教育改革与发展的重大理论与现实课题。20 世纪末的中国高等教育历经体制改革、教学改革以及教育思想观念的改革，发生了"翻天覆地"的变化。在新世纪即将来临之际，世界各国元首、教育家纷纷发表宣言、讲话，阐明教育在未来经济、社会发展中的地位、作用，制定振兴教育的宏伟计划。1999 年 8 月，时任教育部副部长周远清从当时我国高等教育改革和发展的实践出发，联系未来高等教育发展趋势，在《教学与教材研究》（即现在的《中国大学教学》）上发表《强化"三个意识"建设高等教育强国》的文章。不少学者指出，周远清此文首次提出了"高等教育强国"概念。

　　2018 年 9 月，北京航空航天大学田贵平、赵婷婷在《高等教育研究》发表《高等教育强国研究二十年回眸》一文，文章认为周远清"最先提出了'建设高等教育强国'的倡议，自此开启了我国高等教育强国研究的历程"，并详细论述建设高等教育强国酝酿启动期的特点。现将原文摘抄如下：

　　自 19 世纪末我国现代高等教育诞生至 20 世纪末以来，我国高等教育已走过整整一个世纪。面对新世纪的到来，1995 年时任国家教委副主任周远清提出了"把一个什么样的高等教育带入 21 世纪"的命题，并于 1999 年 8 月在《教学与教材研究》上发表了《强化"三个意识"建设高等教育强国》一文，最先提出了"建设高等教育强国"的倡议，自此开启了我国高等教育强国研究的历程。

　　本阶段高等教育强国研究主要有以下特点：第一，它作为一种实践指引目标被提出，凝聚人心的目标意义较强，但相关研究文献较少，一直处于低位发表状态。在这一时期，虽然我国高等教育取得了显著成就，但仍面临新世纪的诸多挑战，因而，对高等教育强国的研究也只能是对未来发展的初步设想和规划，很难具体深入下去。第二，提高教育质量成为建设高等教育强国的主要着力点。自1999年我国高等教育扩招以来，毛入学率在2002年首次达到15%，由此进入高等教育大众化阶段，高等学校本专科招生数从1998年的108.4万人骤增到2008年的607.7万人，以年均19%的增长率增长。高等教育的大幅扩招带来了教育质量下滑问题，学者呼吁质量是高等教育的生命线，提高质量是建设高等教育强国的重点。这一阶段的高等教育强国研究人员少，研究成果的系统性也不够，但建设高等教育强国作为战略目标一经提出，便得到很多有识之士的认可，并成为下一阶段研究蓬勃兴起的星火之源。

2022年7月，由康凯担任主编，高晓杰、赵婷婷、张德祥、丁晓昌和刘国瑞等担任副主编，国家社会科学基金"十三五"规划2016年度教育学重大招标课题（VIA 160001）的成果——《高等教育强国之路研究——高等教育强国的内涵、标准、实现路径和监测指标研究》出版，对建设高等教育强国的前期研究进行了梳理。现将原文摘抄如下：

由于高等教育强国是个本土概念，体现着国家和民族对高等教育所寄予的期望，因此它本身就带有战略性和政策性的意义。1995年，时任国家教委副主任周远清同志提出了"把一个什么样的高等教育带入21世纪"的命题，并于1999年8月在《教学与教材研究》（即现在的《中国大学教学》）上发表了《强化"三个意识"建设高等教育强国》的文章，畅想了21世纪的中国高等教育，提出"强化国际意识、素质意识、改革意识，建设高等教育强国"。可以看出，"高等教育强国"是在世纪之交最先以发展设想而被提出来的，政府教育部门领导在这一过程中起到了重要推动作用，高等教育强国进入政策议程阶段。

　　一项政策问题进入政策议程之后，只有经过方案规划之后才能形成政策方案，并最终得以解决，而方案规划是对政策问题的分析研究并提出相应的解决办法或方案的过程。2007年12月，时任国务委员陈至立在教育部直属高校工作咨询委员会第十八次全体会议上强调，以提高质量为核心，加快从高等教育大国向高等教育强国迈进。她指出"建设高等教育强国战略目标的时机已经成熟"，并且说明了建设高等教育强国的战略意义，强调了基本思路和战略重点。2008年6月，由中国高等教育学会组织的"遵循科学发展，建设高等教育强国"课题研究开题，开启了高等教育强国政策研究工作。随后，得到国家社科基金"十一五"规划2008年度教育学重点课题和教育部哲学社会科学重大课题攻关项目的大力支持并立项。

　　2024年1月，北京大学施晓光教授在《北京教育（高教）》发表《试论高等教育强国建设的底层逻辑及行动策略》一文，文中指出周远清《强化"三个意识"建设高等教育强国》这篇文章"首次提出'高等教育强国'概念"，并对高等教育强国研究的主要内容及影响进行了概述。现将原文摘抄如下：

　　高等教育强国建设研究是当前高等教育改革与发展中必须予以解决的重大理论和实践课题。20世纪90年代末，当教育行政部门正在思考面临世纪之交，将"把一个什么样的高等教育带入21世纪"这个重大的时代命题之际，1999 年，时任教育部副部长周远清发表了《强化"三个意识"建设高等教育强国》的署名文章，首次提出"高等教育强国"概念。之后，他又分别在不同场合反复阐释高等教育强国建设的意义和设想。2002 年，党的十六大将高等教育强国建设这个时代特点鲜明、颇具中国特色的概念正式写进党中央文件之中。再之后，党和政府分别在不同历史时期颁布的重要文件中提出建设高等教育强国的理念。例如：《国家中长期教育改革和发展规划纲要（2010—2020 年）》（2010 年）、《统筹推进世界一流大学和一流学科建设总体方案》（2015 年）、《中国教育现代化 2035》（2019 年）、《"十四五"时期教育强国推进工程实施方案》（2021 年）都阐释了建设高等教育强国的重要意义和初步设想。这个时期，学术界围绕"什么是高等教育强国""为什么要建设高等教育强国"和"怎样建设高等教育强国"等一系列问题也展开了广泛的讨论和研究，并在全国范围掀起一次又一次理论研究的高潮，催生了大量学术成果的问世。

强化"三个意识"建设高等教育强国

周远清

  1995 年正当"九五"计划开始执行的时候，面对当时的形势，我们提出了把一个什么样的高等教育带入 21 世纪的问题，指出要把一个体制、结枃更加合理，水平、质量更高，效益更高的高等教育带入 21 世纪。这样一个立意凝聚了高等教育的上上下下。在 1992 年召开的第四次高教会，1993 年公布的《中国教育改革和发展纲要》，1994 年的全教会的精神指引下，大家埋头苦干，对我国高等教育进行了一系列的改革。从体制改革、教学改革到思想观念的改革，我们形成了一套比较完整的思路，采取了一系列行之有效的措施，加上不久前开始实施《面向 21 世纪教育振兴行动计划》和目前正在贯彻改革开放后第三次全教会的精神，使得我国高等教育在本世纪的最后几年取得了重要的成绩，出现了难得的改革和发展的局面，成为我国高等教育发展历史上最好的时期之一。

  历史将翻开新的一页，20 世纪即将过去，21 世纪马上就要到来，人们无不为能送走一个旧世纪，迎接一个新世纪而感到自豪和兴奋。在这样一个历史时刻，人们无不思绪万千。面对世界科学技

7

术的迅猛发展，国际竞争的日趋激烈，高等教育战线的人们更感到21世纪的分量、责任。对于中国高等教育来说，它还有另一个"世纪"的意义：我国现代高等教育刚走完一个世纪。在一个世纪的发展进程中，它历尽艰辛，从无到有，从小到大，到现在已形成了一个比较完整的教育和学科体系，有了一批在国际上有相当影响的大学，在邓小平理论和"科教兴国"战略的指引下，有了一个非常好的发展和改革势头，盼望着自己发展进程的一个新的世纪的到来。所以，不管是历史迁移，还是自身发展的进程，都提出了开创我国高等教育新世纪的任务。进入21世纪，建设一个什么样的高等教育，如何来开创我国高等教育的新局面，应该成为高等教育战线的重大历史使命。

在走向新世纪的年代里，各个国家都把未来自己民族、自己国家的兴旺寄托于发展教育上，特别是高等教育上。国家元首、教育家、科学家、国际教育组织都纷纷发表谈话、宣言，阐明教育在未来经济、社会发展中的地位、作用，制定振兴教育的宏伟计划。

世纪之交，中国正走在中兴之路上。党中央通观世界大局，审时度势，作出了科教兴国的伟大决策，发展教育事业正摆到我国社会主义现代化建设的优先发展的战略地位。高等教育界、高等教育研究界以及社会各界思想异常活跃，都在探讨"21世纪中国的高等教育"。当然，整个21世纪我国高等教育应该是什么样，是很难预料的，仿佛还比较遥远，但是21世纪初叶，中国高等教育改革和发展这个大课题已经历史地摆到了我们面前。

我不想也不可能来论述21世纪的中国高等教育，因为太大，又太难，但是从当前我国高等教育改革和发展的实践出发，联系到未来高等教育发展的趋势，作为一个多年在高等教育行政管理岗位上工作的一员，说点我最想说的话，谈点最想强调的意见。我自己认为，要开创我国高等教育的新世纪，在未来的年代里，至少必须强化三个"意识"。

一、强化国际意识，建设高等教育强国

在 21 世纪，我国高等教育要更加面向世界，立于世界之林，成为世界高等教育的强国。对于一个拥有 12 亿人口，具有古老优秀文明的泱泱大国来说，不是要不要、应不应该的问题，而是必须成为教育的强国，特别是高等教育的强国。

在 21 世纪，我们要尽快建设若干所世界一流的大学，建设一批在国际上有重要影响的著名学府。这是开创我国高等教育新世纪的光荣而艰巨的历史使命，一项具有标志性的任务。只有这样才能带动全国高等教育进入世界教育强国的行列。

在 21 世纪，我们要培养一批在国际科学技术教育舞台上具有竞争能力，在世界科学技术教育发展前沿工作的科学家、教授、专家、企业家，这样我们才能有一批学科进入世界先进水平的行列。我们还要培养一批能在各类国际组织、国际舞台上充分发挥作用的政治家、活动家。

我们必须清醒地认识到，现实情况与要求相比还有很大差距，甚至有很多很难克服的困难。但是中国在未来的世界，要更加有所作为，别的幻想没有，只有使我国强大起来，使我国的经济发展起

来，国防强大起来，教育强大起来。掌握最新的技术，掌握最新式的武器。落后要被冷落，落后要挨打，这不仅为过去的历史所证明，也不断为新的历史事实所证明。中国高等教育在近一个世纪的发展进程中，形成了许多优良的传统，在解放以后，特别是改革开放以后，发展非常迅速，有自己的强项，如本科教育，优秀的文化传统、优良的学风就是强项。只要我们坚定不移地执行"科教兴国"的战略方针，高举改革的旗帜，在思想观念、体制、结构、水平、质量、规模、效益上下功夫，强化我们"国际竞争""国际合作"的意识，站在世界的高度上，扩大我们的视野，发奋图强，在21世纪，中国高等教育一定会立于世界之林，中国一定会成为高等教育强国。

二、强化素质意识，全面提高教育质量

本世纪后半叶，高等教育在人才的培养上强调能力的培养，包括获取知识的能力，分析问题、解决问题的能力，创造能力，一定的组织能力的培养。从过去的传授知识到传授知识和培养能力，这在教育思想和人才培养模式上是一个大跨越。与此同时，在本世纪的最后年代里，中国高等教育逐渐引入了"素质"的概念和"素质教育"的观念，正在探讨加强素质教育或者注重素质教育。我们已经明确了大学生应具有"素质"的内涵包括：思想道德素质、文化素质、业务素质、身体心理素质，并且认为思想道德素质是根本，文化素质是基础，业务素质是本领，身体心理素质是本钱。我

们以提高大学生的文化素质作为切入点，正在探索如何加强素质教育。在人才培养的模式上，从传授知识、培养能力到传授知识、培养能力、提高素质，这是教育思想的又一跨越。它将影响人才培养模式的改革，影响整个培养过程，大大提高人才培养质量。21 世纪的高等教育在人才的培养上，要强化"素质"的意识，把提高素质作为人才培养的基点，站在"素质"的高度上来研究提高人才培养的质量。提高人才培养的质量，必须全面体现在提高人才的素质；只有提高了人才的素质，才能说是提高了人才培养的质量。这要成为 21 世纪新的质量观、人才观。过窄的专业教育，或者说单纯的专业教育，或者说对口的专业教育将成为过去。在高等教育中加强素质教育，这一点还没有完全被人接受，还没有形成高等教育战线广泛的实际行动，所以要在理论上有新的探讨，在实践上有新的探索。为了提高大学生的素质，必须提高大学教师的素养，同时也要提高大学自身的品位。加强素质教育在本世纪只是开了一个头。

21 世纪，整个社会将是一个更加重视质量的社会，以质量取胜的社会。提高高等教育人才培养和科学研究的质量和水平是各国高等教育在 21 世纪奋斗的目标。21 世纪是更加重视质量的世纪，21 世纪的高等教育也是更加重视质量的高等教育，所以要强化素质意识，全面提高质量。

三、强化改革意识，走出中国自己的教育发展之路

世界科学技术在不断发展，经济、社会在不断进步，高等教育

要适应和促进科学技术和经济、社会的发展，必须改革。对高等教育来说，改革是永恒的，不改革就会停滞，甚至倒退。恩格斯1890年就说过，所谓社会主义，不是一种一成不变的东西，而应当和其他社会制度一样，把它看成经常变化和改革的社会制度。改革是社会发展的直接动力，也应当是高等教育发展的直接动力。当然改革的内容，各个时期会有所侧重，有所不同，不改革则是没有出路的。

我从多年的工作实践中感到，改革是很难的，有来自各方面的困难和阻力，每前进一步都必须付出很大的努力。

综观世界科学技术和经济、社会的发展，21世纪将是一个更加注重改革的世纪。只有改革才能进步，才能创新。世界各国高等教育都提出了21世纪的改革任务。尽管各国改革的目标不同，内容不同，但是都面临着改革的任务，都在极力推进改革。缺乏改革意识的国家在21世纪是很难有所作为的。

所谓改革是要改掉那些与世界和我国科学技术、经济、社会发展不相适应的东西，使之适应起来。同时，也要保留和发扬我国近一个世纪以来高等教育发展进程中形成的好传统、好思想，要学习和借鉴世界上成熟的、符合我国实际的好经验、好思想和好做法，在这个基础上，进行创新。要强化整个高等教育的创新意识，走出符合中国国情，具有中国特色的路子来。要看到世界上高等教育传统及其发展模式也是多样的，如果世界上都是一个大一统的模式，教育也就走入了死胡同。办出特色，形成中国特色，走出中国自己的路子，这是21世纪我国高等教育改革的重要任务。

对学生来说，我们强调要注意学生的个性发展，没有个性也就没有创造性。对学校来说，我们要求各个学校要办出自己的特色。统一的模式，很难使中国的高等教育繁荣起来。对我国高等教育来说，要通过改革使我国高等教育形成自己的特色，要有自己的路子。

强化"国际意识"，是为了使我国高等教育在 21 世纪立于世界之林，实现更高的目标；强化"素质意识"，是为了使我国高等教育在 21 世纪培养素质更高质量更高的人才。为了达到上述目的，必须强化"改革意识"，走出中国高等教育自己的发展之路。

（本文原载《教学与教材研究》1999 年第 4 期）

建设高等教育强国
——教育部副部长周远清访谈

思华

20 世纪即将过去，21 世纪即将到来。面对当今世界激烈的经济竞争，着眼于中华民族在下个世纪的伟大复兴，高教战线以及关心高教事业发展的人们，都在思考：如何使我国高等教育获得更大发展，如何使高等教育为我国的科技进步、经济发展和综合国力的增强发挥更大的作用，如何使高等教育在实施"科教兴国"战略中做出更大的贡献。带着这些问题，近日，我们采访了教育部副部长周远清。

开创我国高等教育更加辉煌的新世纪

记者：当我们即将步入新世纪之际，党中央国务院明确提出，要积极发展高等教育。这是一个具有重大战略意义的决策。"把一个什么样的高等教育带入 21 世纪"的命题早在 1995 年就被提出，当时曾引起了较大反响。在 21 世纪即将来临的时刻，作为主管我国高等教育的副部长，请您谈谈对这个问题的思考吧。

周远清：1995年正当"九五"计划开始执行的时候。面对当时的形势，我们提出了"把一个什么样的高等教育带入21世纪"的命题，强调要把一个体制、结构更加合理，水平、质量、效益更高的高等教育带入21世纪。这一立意凝聚了高等教育的上上下下。在1992年第四次高教会，1993年《中国教育改革和发展纲要》和1994年全教会精神的指引下，高教战线的同志们埋头苦干，对我国高等教育进行了一系列的改革，从体制改革、教学改革到思想观念的改革，逐步形成了一套比较完整的思路，并采取了一系列行之有效的措施，加上"高教法"的贯彻以及当前正在实施的《面向21世纪中国教育振兴行动计划》和贯彻改革开放后第三次全教会的精神，使我国高等教育在本世纪的最后几年取得了重要成绩，出现了难得的改革和发展的局面，成为我国高等教育发展历史上最好的时期之一。

历史将翻开新的一章，20世纪即将过去，21世纪马上就要到来。在这样一个历史时刻，人们无不思绪万千，期待一个更加美好的新世纪的到来。面对世界科学技术的迅猛发展，国际竞争的日趋激烈，高等教育战线的人们更感到21世纪的分量和我们承担的重大责任。对于中国的高等教育来说，"世纪"的意义更加深刻，到2000年，我国现代高等教育刚好走完一个世纪。我国现代高等教育从无到有，从小到大，到现在已初步形成了一个比较完整的教育和学科体系，有了一批在国际上有相当影响的大学。如今在"科教兴国"战略和邓小平理论的指引下，我国高等教育有了一个非常好的改革和发展势头。不管是历史演进，还是自身发展的进程，都提出了开创我国高等教育新世纪的任务。如果说在新世纪到来之前我们提出把一个什么样的高等教育带入 21 世纪，那么，进入 21 世纪以后，建设一个什么样的高等教育，如何开创我国高等教育的新世纪，是我们必须认真思考的问题。建设高等教育强国，毋庸置疑地应该成为高等教育战线的历史使命。

在走向新世纪的年代里，各个国家都把未来自己民族、自己国家的兴旺寄托于发展教育，特别是高等教育上。许多国家元首、教育家、科学家、国际教育组织纷纷发表谈话、宣言，阐明教育在未来经济、社会发展中的地位、作用，制定振兴教育的宏伟计划。可以说，发展高等教育，已成为世界性的重大课题。

记者：依您看来，面对新世纪的到来，我国高等教育该如何发展呢？

周远清：江泽民同志在北京大学一百周年校庆的演讲中，向全国和全世界提出了我国高等教育的任务，发出了在我国建设若干所世界一流大学的号召。21 世纪世界高等教育是什么样呢？ 21 世纪中国高等教育是个什么样呢？党中央通观世界大局、审时度势，作出了"科教兴国"的伟大决策，把发展教育事业摆到我国社会主义现代化建设优先发展的战略重点地位。当前，我国高等教育界、高等教育研究界以及社会各界思想异常活跃，都在探讨 21 世纪中国高等教育的发展问题。

我不想也不可能来全面论述整个 21 世纪的中国高等教育，但是从当前我国高等教育改革和发展的实际出发，联系到未来高等教育发展的趋势，作为一个多年在高等教育行政管理岗位上工作的一员，我认为，要开创我国高等教育的新世纪，建设高等教育的强国，在未来的年代里，必须强化三个意识，即"素质意识""国际意识""改革意识"。

强化"国际意识"建设高等教育强国

记者：开创我国高等教育的新世纪，不能脱离世界高等教育发展的总体发展水平和发展趋势，强化"国际意识"，应从怎样的高度认识呢？

周远清：强化"国际意识"也就是要强化"国际竞争"和"国际合作"意识。在 21 世纪，我国高等教育要更加面向世界，立于世界之林，成为世界高等教育的强国。对于一个拥有 12 亿人口，具有古老优秀文明的泱泱大国来说，不是要不要、应该不应该的问题，而是必须成为教育的强国，特别是高等教育的强国。

人们对未来世纪充满了憧憬，寄予美好愿望，但未来 21 世纪国际竞争会更加激烈，国际斗争会更加复杂，中国要在未来世纪有所作为，就要追赶科学前沿，掌握最新技术，使我们国家强大起来，对此，高等教育负有义不容辞的责任。

在 21 世纪，我们要尽快建设若干所世界一流的大学，建设一批在国际上有重要影响的著名学府。这是开创我国高等教育新世纪光荣而艰巨的历史使命，是一项具有标志性的任务，只有这样才能带动全国高等教育进入世界教育强国的行列。

在 21 世纪，我们要培养一大批在国际科学技术教育舞台上具有竞争能力，能在世界科学技术教育发展前沿工作的科学家、教授、

17

专家、企业家，要有一批学科进入世界先进水平的行列。同时，我们也要培养一批能在各类国际组织、国际舞台上充分发挥作用的政治家、活动家。

然而我们必须清醒地认识到，现实情况与要求相比还有很大差距，甚至有很多很难克服的困难。但是，中国要在未来世纪有所作为，惟有使我国强大起来，经济发展起来，国防强大起来，教育强大起来。落后要被冷落，落后就要挨打，这不仅已被过去的历史所证明，也为新的历史事实在不断证明。中国高等教育在近一个世纪的发展进程中，形成了许多优良的传统，解放以后，特别是在改革开放以后，发展非常迅速，有自己的强项，如本科教育，优秀的文化传统、优良学风等。尽管我国高等教育在发展中还存在不少困难和问题，但只要我们坚定不移地执行"科教兴国"的战略方针，高举改革的旗帜，在思想观念、体制、结构、水平、质量、规模、效益上下功夫，强化"国际竞争""国际合作"的意识，站在世界的高度上，扩大我们的视野，发奋图强，在 21 世纪，中国高等教育一定会立于世界之林，中国也会成为高等教育强国。

强化"素质意识"全面提升教育质量

记者：加强素质教育，提高大学生的综合能力，提高人才培养质量，是我国高等教育近几年十分重视的问题。特别是 1995 年开展加强大学生文化素质教育以来，已基本形成了共识。面对新世纪的到来，要开创我国高等教育的新世纪，建设高等教育强国，我们应从怎样的高度认识素质教育呢？

周远清：提高"素质"、提高质量意识，并把两者统一起来，结合起来，这一点在开创我国高等教育新世纪的过程中应该强化。未来世纪，人的素质高低对人的作用的发挥、人在社会上竞争成败起着重要作用。这一点必须引起我们高度的重视。本世纪后半叶，高等教育在人才培养观念上强调能力的培养，包括获取知识的能力，分析、解决问题的能力，创造能力和一定的组织能力，从传授知识到传授知识和培养能力，并逐渐引入素质教育的观念，这在教育思想和人才培养模式上是一个大跨越。本世纪末，我国高等教育界也在探讨加强素质教育问题，明确了大学生应具有的素质内涵包括思想道德素质、文化素质、业务素质、身体心理素质，并且认为思想道德素质是根本，文化素质是基础，业务素质是本领，身体心理素质是本钱。1995年，我们以提高大学生的文化素质作为切入点，积极探索如何加强素质教育。在人才培养观念上，我们强调要从传授知识、培养能力两者的统一，转变到传授知识、培养能力、提高素质三者的统一上来，可以说，这是教育思想的又一跨越，它促进了人才培养模式的改革，将影响整个培养过程，大大提高人才培养质量。21世纪的高等教育在人才的培养上，要强化"素质"意识，要把提高素质作为人才培养的基点，站在"素质"的高度上来研究提高人才培养的质量问题。也就是说，要提高人才培养质量，必须提高人才的素质，只有提高了人才的素质，才能提高人才培养质量，这要成为21世纪新的质量观、人才观。

21世纪，整个社会将是一个更加重视质量，以质量取胜的社会，从世界总的发展进程可以明显地看出，质量在社会进步、经济发展，国际竞争，甚至国际斗争中的作用。提高高等教育人才培养、科学研究的质量和水平是各国高等教育在 21 世纪奋斗的目标，21 世纪将是更加重视质量的世纪，21 世纪高等教育也将是更加重视质量的高等教育，所以要强化素质意识，全面提高质量。

记者：在高校，大家一致认为应加强素质教育，但对素质教育的理解却不尽一致。请您谈谈对这个问题的认识好吗？

周远清：素质教育应是一种教育观念、教育思想，而不是一种教育模式和分类。高等学校的素质教育，应渗透到专业教育中，贯穿于人才培养的始终，必须通过人才培养模式、课程体系、教学内容、教学方法以及教育过程的整体优化来实现。

记者：您刚才讲，为了提高大学生的素质，近几年以提高大学生的文化素质为切入点开展了人文素质的教育，那么，提高大学生的文化素质与加强素质教育有什么关系呢？

周远清：江泽民同志在第三次全教会上曾经讲到：要说素质，思想政治素质是最重要的素质，不断增强学生和群众的爱国主义、集体主义、社会主义思想，是素质教育的灵魂，对干部、群众和学生必须认真进行中国历史、地理、文学知识和政治知识的教育，没有这些知识的武装，人们的爱国主义、集体主义、社会主义思想是难以确立起来的。

江泽民同志的这段讲话十分清楚地提出了思想政治素质是最重要的素质，阐明了历史、地理、文学和政治知识的教育与思想政治素质教育的关系。

1995 年我们提出要加强对大学生的文化素质教育，并把文化素质概括为"文、史、哲的基本知识，艺术的基本素养，我国和世界的优秀文化成灵"。在实施过程中总结出文化素质是大学生的基础素质，文化素质提高了有利于学生思想道德素质、业务素质和身体心理质的提高，并把提高大学生文化素质作为全面素质教育的切入点加以探索。近几年教育思想的改革，素质教育的进行，确实提高了大学生的文化素质，对于加强素质教育起了重要作用。正如江泽民同志讲的"没有这些知识的武装，人们的爱国主义、集体主义、社会主义思想是难以确立起来的"。

强化"改革意识"走出中国教育之路

记者：近些年，我国高等教育改革既坚持主动适应社会主义现代化建设需要，又遵循教育自身规律，坚持体制改革是关键，教学改革是核心，教育思想和教育观念的改革是先导的思路，使高等教育取得了很大成绩，人才培养质量有了较大提高，得到了高教战线的广泛赞同。强化改革意识应从怎样的高度加以认识呢？

周远清：强化改革意识，就是深化改革、形成特色的意识。纵观世界科学、技术、经济、社会的发展，21世纪将是一个更加注重改革的时代。只有改革才能进步，只有改革才能创新。世界科学技术在不断发展，经济、社会在不断进步，高等教育要适应和促进科学技术和经济、社会的发展，必须改革。对高等教育来说，改革是永恒的，不改革就会停滞，甚至倒退。恩格斯1890年就曾说过，所谓社会主义，不是一种一成不变的东西，而应当和其他社会制度一样，把它看成经常变化和改革的社会。改革是社会发展的直接动力，也应当是高等教育发展的直接动力。当然，改革的内容，各个时期会有所侧重，有所不同，但不改革则是没有出路的。面对新世纪的到来，世界各国高等教育都针对自己的实际提出改革的任务。尽管各国改革的目标不同，内容不同，但都面临着改革的任务，都在极力推进改革，缺乏改革意识的国家在21世纪是很难有所作为的。高等教育要主动走进社会，在结构体系、人才培养模式、教学内容、方法上都要进行改革。

我国高等教育一直处于改革的进程之中，特别是最近几年来，改革取得了很大成绩。但我从多年的工作实践中深切地感到，改革是很难的，有来自各方面的困难和阻力，每前进一步都必须付出很大的努力。中国高等教育要在21世纪更有作为，更大发展，不改革是不行的。这几年我们所进行的体制改革、教学改革、教育思想和观念改革都是步履艰难。改革需要打破旧体系、旧秩序、旧习惯，要付出努力，甚至要付出代价。在进入21世纪的时候，我深感高等教育的改革任重道远。在研究21世纪我国高等教育怎么办的时候，我深切地感到或者我最想说的是，改革的任务还很重，从政府、社会、教育行政部门、校长、干部、教师甚至学生，改革的意识必须增强。

所谓改革，就是要改掉那些与世界和我国科学技术、经济、社会发展不相适应的东西，保留和发扬我国近一个世纪以来，高等教育发展进程中形成的好传统、好思想，学习和借鉴世界上成熟的、符合我国实际的先进经验，并在这个基础上进行创新，提升整个高等教育的创新意识，走出一条符合中国国情的，具有中国特色的路子来。我们还要看到，世界上的高等教育传统及其模式是多样的，如果世界上都是一个大一统的模式，我看教育也就走入了死胡同。因此，办出特色，形成中国特色，走出中国的路子，这是21世纪我国高等教育改革和发展的重要任务。

记者：我们体会，建设中国特色的高等教育强国，也应当是多种形式，而绝不能是一个模式。

周远清：是的，对学生来说，我们要强调注意学生的个性发展，没有个性也就没有创造性。对学校来说，各个学校也都要办出自己的特色，统一的模式很难使中国的高等教育繁荣起来。对我国高等教育来说，要通过改革使我国高等教育形成自己的特色，走出自己的路子。

记者：认清形势对于深化改革，至关重要。当前我国高等教育改革的形势该如何估计呢？

周远清：对当前我国高等教育改革的形势，需要统一思想认识。可以说，当前我国高等教育改革已经取得了重大成绩，进入了关键时期，具体表现为以下四个方面：

一是体制改革特别是管理体制改革取得了突破性进展。高等教育体制改革，包括5个方面：办学体制改革、管理体制改革、招生和毕业生就业体制改革、投资体制改革、高校内部管理体制改革。近年来，管理体制改革取得了突破性进展，通过共建、调整、联合、合并等多种形式，逐步理顺了学校、政府、社会三者的关系，初步打破了条块分割、重复办学的格局，已经形成了框架，看到了曙光。但是也应当看到在高教体制改革方面，还有许多任务没有完成，离理想的目标还有相当大的距离。如高校结构布局调整问题。为改变我国单科性高校较多，结构布局不合理的状况，教育部正在着手研究这一问题，如果我们能把这件事做好，中国的高等教育在 21 世纪就会大有希望。

二是教学改革取得重要进展。教育部组织的面向 21 世纪教学内容和课程体系改革进展顺利，目前已出版了 50 本水平较高的"面向 21 世纪课程教材"，今年预计出版 200 多本，5 年内争取出版 1 000 本。教育部准备进一步增加经费投入，支持这项改革取得成功。

1998 年，我们顺利完成了本科专业目录修订工作，本科专业总数由 504 种减到 249 种，迈出了很大步伐。

人才培养基地的建设取得了很大成绩。教育部立项建设的 84 个理科基地、51 个文科基地、45 个工科基础课基地、13 个经济学基地和 32 个文化素质教育基地，确保了一大批基础学科人才的培养，支持了一批基础学科，许多专家称之为具有战略眼光的重要举措。

过去教学上有 4 个投入不足，近几年，教育部尽了最大努力，争取各方面加大了对教学经费的投入。如对理科基地，5 年投了 3 个亿，平均每年 6 000 万元；对 100 所学校进行合格评价，平均每校增加投入 1 000 万元，共 10 个亿；加上为了改善大学一、二年级基础课实验条件争取到的世界银行贷款 7 个亿。使教学投入不足的状况得到了改善。

今年 4 月，教学工作优秀评价正式启动。优秀教学工作评估，是高等学校教学改革的一个重头戏，它对于我国高等学校教学质量的提高，教育教学改革的全局会产生重要影响。当然，在教学改革方面，我们目前所做的工作还很不够，离理想要求差距还很大。

　　三是教育思想和观念的改革向深层次发展。教育思想和观念的改革是先导，只有思想观念改变了，很多事情才能做得更好，这就是近两年我们开展以提高质量意识、加强素质教育为中心内容的教育思想和观念大讨论的目的。教育思想和教育观念的大讨论极大地促进了高等教育的改革与发展，随着讨论的深入，还会继续产生积极而深远的影响。

　　当前的问题是，在一些学校，教育思想和观念的改革还没有得到充分重视，思想没有得到解放，因而各项改革也难以推进。可以说，有些改革遇到种种阻力，最大的阻力来自思想认识。因此，要深刻理解党中央国务院《关于深化教育改革，全面推进素质教育的决定》的重大意义，紧紧抓住教育思想和观念的改革，充分发挥其先导作用。

　　总之，强化"国际意识"是为了使我国高等教育在 21 世纪能立于世界之林，实现更高的目标；强化"素质意识"是为了使我国高等教育在 21 世纪培养出更高素质更高质量的人才。为了达到上述目的，必须强化"改革意识"，走出中国高等教育的路子。

（本文原载《中国高等教育》1999 年第 17 期）

高等教育改革发展的强音：
建设高等教育强国

周远清

在刚要进入改革开放三十周年之际，教育部直属高校工作咨询委员会第十八次全体会议发出了"建设高等教育强国"的时代强音。这是一个令人鼓舞和振奋的重大历史命题，我们应该把整个战线的思想统一到"强"字上来。

会前，国务委员陈至立同志就与许多人商讨过，根据党的十七大提出"优先发展教育，建设人力资源强国"的精神，能不能在高等教育领域提出一个长远的、能让大家形成共识的目标呢？综合大家的建议，并结合我国高等教育的实际，至立同志在会上作了"认真学习贯彻党的十七大精神，以提高质量为核心，加快从高等教育大国向高等教育强国迈进的步伐"的讲话，得到与会代表的高度认同和积极响应。

提出建设高等教育强国是我国经济社会发展的要求，是历史发展的必然，是高等教育发展的必然。提出建设高等教育强国，使我国的高等教育又站到了一个历史发展的新平台上，站到了一个历史的新起点上。

从高等教育的大国向高等教育强国迈进，是一个需要各方面长期持续努力的艰巨任务，有很多事情要做。用"强"字来统一高教战线的认识、凝聚人心和力量，很有必要，也是及时的。我们应该很好研究国际上发达国家走过的历史进程，很好分析国内经济、社会、文化发展的状况，特别是多年来高等教育的发展情况，提出规划，抓住重点，找到突破口和切入点，加大投入，组织队伍，千军万马投入到建设高等教育强国的潮流中来。当前，摆在我们面前亟需研究的有几个问题：为什么要建设高等教育强国，什么叫高等教育强国，怎么建设高等教育强国。

一、建设高等教育强国不是心血来潮、权宜之计，而是我国经济、社会、文化发展的迫切需要

纵观世界经济发展的强国都是在其历史发展进程中，首先建设教育的强国，特别是高等教育，各个国家都把它视为一个国家综合实力和竞争力的标志。胡锦涛同志在前不久指出：我们要加快从工业大国向工业强国转变的历程，从发展中大国发展成为强国。党的十七六明确提出了建设人力资源强国的口号。建设人力资源强国，就必须建设高等教育强国。所以，建设高等教育强国不是心血来潮、赶时髦，不是权宜之计，实实在在是我国经济社会发展到新阶段提出的必然要求。

二、由大变强，是我国高等教育发展的必然

我国高等教育在改革开放三十年来进行了翻天覆地的改革和发

展，即经过大改革、大发展，现在进入了大提高阶段，即提高高等教育质量，提高高等教育的水平。大的改革使我国高等教育适应了社会主义市场经济体制的建立，成为一个开放式的高等教育；大的发展顺乎了潮流，使我国高等教育成为一个高等教育大国。多年来，实施的一批重点工程（如"211工程"和"985工程"），使高校人才培养质量不断提高，学科建设取得了明显成效，创新能力得到提升，一些学科接近了国际先进水平，我国高等教育整体实力显著增强。最近，国家又批准"211工程"进入第三期建设。通过体制改革组建了一批学科更加综合、实力更强的学校，通过调整，每个地市一级基本上有了一所地方本科学校，大力发展职业教育，这些都使我国高等教育的大布局结构更加合理了。顺应潮流，我国高等教育进入了大提高的阶段。大提高提高什么呢？提高质量、提高水平，提高创新能力和竞争力。目标是什么呢？就是把各级各类教育做强，建设高等教育强国，用"强"字来统领我们的思想、统领我们的理念，使我国高等教育不失时机地站到新的历史起点上，开始我国高等教育的新的历程。可见，建设高等教育强国是我国高等教育自身发展的必然。

三、要把各级各类高等教育办好办强，促进规模质量结构效益各方面协调发展

建设高等教育强国，是要使整个高等教育适应和促进我国经济社会的发展。这是一个整体工程，它不只是某一类的高等教育，也

不只是某几所学校的重点工程，要使各级各类高等教育都办好办强，如教育部直属院校、普通本科院校、地方本科院校、高职高专院校，都应该做强，各类学校都要有强校，都要为全国、地方、区域经济社会某些方面做出贡献，形成强势学校。在建设高等教育强国的过程中，要把各类学校关系理顺，定好位，办出特色，形成领军的强校。这应该是非常好的契机，各级教育行政部门应充分利用好。

要遵循科学发展观，把高等教育的规模、质量、结构、效益协调好，形成一个协调发展的良性循环。什么是规模、质量、结构、效益协调发展，还缺乏深入的研究和探讨。我们应该做深入的探讨，找出规律并在实践上不断加以完善，这也是建设高等教育强国的重要探索。在很长一段时间内，我们应该遵循这样的原则：适度发展规模、重点提升质量、着力调整结构、明显提高效益。

四、要建设若干所世界一流大学和一批高水平的大学，既要发展精英教育，又要发展大众化教育，精英教育起着领军和带头示范作用

发达国家在实现现代化过程中，在建设高等教育强国过程中，都把建设一批高水平大学作为重要的举措，并且都得益于一批高水平大学在拔尖人才的培养和科技、文化方面的重要成果。当今，世界高等教育的强国都有一批世界公认的世界一流大学，它们是国家的软实力和国际竞争力的重要方面，对于一个高等教育大国来说，它又是领头军，它是思想库、人才库、科研成果库，它对其他大

学起着领军和带动、示范作用。1月16日，国务院常务会议听取了高等教育"211工程"建设工作汇报，充分肯定了"211工程"十年来的努力所取得的成绩，并作出决定，同意进行"211工程"的三期建设，并且提到要加快高水平大学和重点学科的建设，带动我国高等教育的整体发展。

按照高等教育毛入学率的指标，我国已进入了大众化教育阶段。在研究大众化教育的时候，我认为，不要把精英教育与大众化教育对立起来。有一个通俗说法，中国高等教育由精英教育走向了大众化教育。这种说法有否定、忽视精英教育的嫌疑。人们经常讲，我国从高度计划经济走向社会主义市场经济，要从应试教育走向素质教育，都是否定前者肯定后者。另外，也有说法，大众化教育中也还有精英教育，把精英教育放到了"也还有"的地位，这是不妥的。实际上，发达国家是高度重视精英教育的，大众化教育与精英教育，在建设高等教育强国中都负有重要使命。甚至有的校长说，现在大众化教育了，质量有不同标准，所以质量不是什么问题了。我认为，大众化教育主要是办学模式的多样化，各类不同办学模式的大学都有提高质量的问题。

五、建设高等教育强国的关键是加大投入

建设高等教育强国，虽然发出了强音，但是，由强音变成一个国家的行为，政府的工程，变成奋斗的目标，还有许多环节，其中最为关键是国家和政府下决心加大投入。加大教育的投入，当然跟

国家的经济财政状况有关，但是，经验告诉我们，它跟领导者、政府决策部门的视野，国家宏观发展的把握有着密切关系。事实已经证明，从上到下的许多领导越来越重视教育。这一点，老百姓心里也是有一本账的。要看到，真心建设高等教育强国没有超常观的决心，没有超常规的投入措施是不可能的。要看到，当年产业化给教育带来的负面影响，还远远没有消除。在地方的一些大学的投入中，政府财政投入只占 20%~30%，学校主要是靠学费在办学。很多地方扩招后，政府对学生的生均经费没有投入。还有学生规模扩大了，总要有地方办学、有地方吃住，不少学校在地方政府支持下，扩大了校园，为国家解围，但也欠下了一身债务，这是当前急于解决的问题。我们高兴地看到，有的地方政府已在采取措施帮助解决。从国家层面看，也应加快研究解决一些高校负债问题。目前，我国财政性教育经费投入占 GDP 的比例离 4% 要求还有不少的距离。

有望尽快解决这些制约教育发展提高中的问题，并且加强研究、制定措施，明确为建设高等教育强国应该有什么样的投入等。没有高强度的投入支持，建设高等教育强国是空话。

六、建设高等教育强国就应把高等教育科学研究做强

在这次讨论建设高等教育强国的过程中，有一个难得的可喜现象，就是不少校长把先进的办学思想、办学理念，作为高等教育强国的标志。如清华大学校长顾秉林就说，我国要产生具有世界影响力的办学理念和办学模式，在世界高等教育发展历史上，新观念、

31

新探索和新趋势都萌芽于当时世界上的高等教育强国。高等教育强国具有先进教育思想、教育理念的高等教育，高等教育强国不仅出拔尖的优秀人才，杰出的甚至是原创性的科研成果，为国家经济社会做出重大贡献，也应该为国家高等教育甚至世界高等教育产生具有影响力的办学思想、办学理念。

前些年，我们曾经遵循这样的理念教育思想观念的改革是教育改革的先导，收到了好的效果。在建设高等教育强国的过程中，加强高等教育科学研究，做强高等教育科学研究就是必由之路。要看到，我国教育科学研究，特别是高等教育研究，由于长期在高度计划经济体制下运行，又长期地重理轻文，高等教育的科学研究基础薄弱。近些年来，虽然有所加强，但还是一个弱势群体。我们多次呼吁过，没有先进的教育思想教育观念，也就是没有先进的教育科学研究，就不可能有先进的高等教育。不重视高等教育研究的校长，不是一个成熟的校长。一个大学校长讲话只能讲讲学校的情况、学校的发展，谈不出什么思想什么理念，没有先进的办学思想，怎么能算一个好校长呢？一个大学谈不出学校发展的新思路，办学的新理念，怎么能认为是一个有水平的大学，有水平的办学呢？建设高等教育强国，是加强和发展我国高等教育科学研究的机遇。希望我们的大学特别是著名的大学，把高等教育科学研究作为重点学科来建设，物色好学术带头人，组织好队伍，加大投入，把高等教育科学研究做强。

（本文原载《中国高等教育》2008 年第 3、4 期）

第二编
发起一次大规模教育科学研究活动

周远清在《我的教育研究情愫——兼议建设高等教育研究强国》一文中坦言："回顾我的教育人生，一直没有离开教育研究，也没有离开组织开展教育研究，这些研究使我和我的教育工作受益匪浅，可以说我的教育人生得益于教育的科学研究。"他常言："高等教育科学研究水平，在一定程度上反映了一个国家高等教育发展的水平，所以要十分重视教育科学研究水平的提高。""没有先进的教育科学，建设不成先进的高等教育。""没有先进的、现代化的高等教育思想和理念，就不能算是也不可能建成高等教育强国。"他一直非常重视组织、开展高等教育研究工作，非常重视发挥高等教育的龙头作用。正如他在《从"理论要点"到"高教强国"到"思想体系"》一文中所言："在国际综合国力竞争中，代表一国教育水平高低的是高等教育，高等教育是整个教育体系的龙头，不是高等教育强国的教育强国是不可想象的。正因为如此，我们说，首先要建设高等教育强国"。可以说，他沿着"大改革、大发展、大提高、建强国"这一设想，先后组织了"五大"教育科学研究，包括"建设有中国特色社会主义高等教育理论要点""21世纪的中国高等教育""20世纪的中国高等教育""遵循科学发展建设高等教育强国"以及"加快建设中国特色高等教育思想体系"等，在实践上，推动中国高等教育走出了"大改革、大发展、大提高、建强国"的路子。中国高等教育学会原副会长陈浩曾言："周远清教授为中国高等教育的改革发展实践与理论研究同步推进、为高教界理性之思风尚的形成做出了特殊贡献。是他开创了高等教育重大决策部署'理论先行'新风尚。""遵循科学发展建设高等教育强国"无疑是众多重大研究课题当中最为耀眼的一个。该课题设置了 13 个研究子课题，共投入金额 600 多万元，子课题负责人近百名，研究人员 1 500 多名，参与研究的高校、机构 150 多个。一批全国高教领域的知名学者和一些教育行政工作者参与研究，项目汇聚了理论、实践和管理三路人马。课题历时 6 年多，出版"建设高等教育强国系列论丛"等著作，发表近千篇论文，对"什么是高等教育强国""为什么要建设高等教育强国""怎样建设高等教育强国"等一系列理论与实践命题展开了深入研究，是一次大规模的、具有前瞻性的、产生广泛社会影响的教育科学研究活动。

"遵循科学发展，建设高等教育强国"研究回望与思考

高晓杰

2008 年至 2014 年，中国高等教育学会组织开展了"遵循科学发展，建设高等教育强国"重大攻关项目研究，该研究是我国投入最大、研究规模最大、成果最多、影响最大的一次全国性的教育科学研究活动，在我国教育科学研究发展历史上留下重重的一笔。2016 年至 2019 年在以往研究的基础上，学会又组织开展了"高等教育强国之路研究——高等教育强国的内涵、标准、实现路径和监测指标研究"。这两项研究一脉相承，都是围绕建设高等教育强国这一重大理论和实践问题开展的，是我国高等教育实现由大国向强国迈进的必然理论准备。建设高等教育强国重大项目研究对我国高等教育的改革发展起到什么作用，对我们国家的高等教育研究起到什么作用，值得我们很好地回顾、总结、研究。

一、"遵循科学发展，建设高等教育强国"研究缘起

中国高等教育学会启动"遵循科学发展，建设高等教育强国"重大攻关项目的研究有着鲜明的时代背景和现实的基础与条件。世纪之交，我国高等教育迈开了跨越式发展的步伐，经过几代人的不懈努力，高等教育事业走过了波澜壮阔的发展历程，取得了举世瞩目的伟大成就。特别是改革开放以来，国家实施科教兴国和人才强国战略，加快发展高等教育规模，不断深化高等教育体制改革和教学改革；持续增加投入，改善办学条件，实施"211工程"和"985工程"，推动世界一流大学和高水平大学建设；加强学位制度建设、积极发展研究生教育；大力推动高等职业教育发展；不断扩大高等教育对外开放与国际交流。我国成功地实现了从高等教育精英教育阶段向大众化教育阶段的历史性跨越，成为世界高等教育大国，适应了社会主义现代化建设的需要，最大限度地满足了广大人民群众接受高等教育的愿望。但是，与世界高等教育强国相比，我国高等教育还有很大差距。高等教育管理体制和运行机制还不能完全适应高等教育事业的发展；高等教育资源配置、结构布局和学科专业设置还不够合理；教育教学观念、人才培养方式、教学内容和教学方法还不够先进；拔尖创新人才的培养成效不明显；我国还没有真正意义上的世界一流大学，在世界上居于前列的学科还比较少，还缺乏大师级的师资；高等教育事业的经费投入和对外开放还迫切需要加强，等等。与此同时，随着经济全球化深入发展，科技革命加速推进，国际竞争日趋激烈，知识越来越成为提高综合国力和国际竞争力的决定性因素，人才资源越来越成为国际竞争格局中

的关键性、战略性资源。从国情来看，我国虽然已经成为世界第二大经济体，创造了世界经济奇迹，但是，自主创新能力不强，经济发展方式没有根本转变，西方大国对我国的经济科技压力仍然十分突出。

2007年10月15日，胡锦涛同志在党的十七大报告中提出要"优先发展教育，建设人力资源强国"。高等教育的整体质量决定了一个国家的人才实力和科技实力，建设高等教育强国是我国经济、社会、文化发展，全面建设小康社会的迫切需要，是建设人力资源强国的关键。准确判断我国高等教育发展的历史方位，科学提出我国高等教育未来发展方向和目标，加快从高等教育大国向高等教育强国迈进，不仅是建设创新型国家和建设人力资源强国、加快现代化建设、夺取全面建设小康社会新胜利和实现中华民族伟大复兴中国梦的必然要求，也是我国高等教育发展的正确方向和必然选择。我国在成为高等教育大国之后，面临着"要提出什么样的发展目标"这一命题，需要有一个比较明确的目标来凝聚大家的思想，凝聚高等教育战线的力量，推动高等教育的改革发展。应该说，建设高等教育强国研究和民间讨论早在20世纪90年代就开始了，当时也有学者围绕"建设高等教育强国"零星地开展一些研究。1999年8月，周远清发表了题为《强化"三个意识"建设高等教育强国》的文章，提出了"高等教育强国"这一概念。在2007年12月召开的教育部直属高校工作咨询委员会第十八次全体会议上，陈至立同志正式提出"加快从高等教育大国向高等教育强国迈进的步伐"的号召，在高教界引起了强烈反响。大家一致认为，提出"建设高等教育强国"，既是国家发展战略的迫切需要，也是高等教育自身发展的必然趋势。此后，周远清也在多种场合不断倡议开展建设高等教育强国研究。

二、"遵循科学发展，建设高等教育强国"研究历程

为认真贯彻落实党的十七大关于"优先发展教育，建设人力资源强国"的战略部署，切实响应教育部直属高校工作咨询委员会第十八次全体会议所发出的"以提高质量为核心，加快从高等教育大国向高等教育强国迈进的步伐"的号召，集中高等教育领域的管理工作者、实践工作者和理论工作者的智慧和力量，在广泛征求意见的基础上，经反复酝酿，中国高等教育学会决定启动"遵循科学发展，建设高等教育强国"研究，并将其确定为中国高等教育学会重大攻关项目。在高等教育出版社的大力支持下，学会对研究项目投入600万元的研究经费。

"遵循科学发展，建设高等教育强国"重大攻关项目研究从2008年初启动到整个研究工作基本完成历时六年，大体经历了项目申报、项目开题、项目中期检查、项目结题、研究成果总结、研究成果出版等阶段。在研究过程中，学会严把关键环节，确保研究工作高质量完成。

（一）项目申报阶段

2008年1月13日，中国高等教育学会〔2008〕3号文件发出了"关于申报《遵循科学发展，建设高等教育强国》项目的通

知"，标志着重大攻关项目的研究工作正式启动。通知明确了项目研究的整体思路与框架结构。

1. 项目研究的主要问题

项目研究将回答四大问题：一是"什么是高等教育强国"；二是"为什么中国要建设高等教育强国"；三是"为什么今天能提出建设高等教育强国"；四是"怎么建设高等教育强国"。项目研究由十一大板块构成：

第一研究板块：着重研究"若干发达国家建设高等教育强国的历程和经验"。主要是为回答"什么是高等教育强国"提供参照系，重点研究若干国家高等教育在建设"经济强国"中所发挥的作用，其中包括：该国高等教育"做强"的历程；在此过程中与国家经济强盛、科技发达呈现什么互动关系（贡献）；该国作为"高等教育强国"的突出标志有哪些。研究对象为美国、日本、德国等。

第二研究板块：着重研究"中国建设高等教育强国的目标和任务"。主要回答什么是我们所要建设的高等教育强国的问题，其中包括：中国所要建设的高等教育强国内涵是什么？特征是什么？用什么样的指标（目标）体系来表达等。

第三研究板块：着重研究"时代赋予中国高等教育的使命"（重要性、必要性）。主要回答"为什么要建设高等教育强国"的问题，重点从"应对日趋激烈的国际竞争需要"的角度、"实现战略机遇期国家发展目标需要"的角度、建设"人力资源强国"的需要角度、建设"全面小康社会"和"和谐社会"的需要角度等开展研究。

第四研究板块：着重研究经历了"深化改革、跨越发展"之后，中国高等教育的现状（发展、经验、问题）。主要回答"现有基础上中国能不能建设高等教育强国"的问题，其中包括："九五"以来中国高等教育发展的突出成就，深化改革、跨越发展的主要经验，比较视野下中国高等教育存在的主要问题，有效解决上述问题的政策、环境及有利预期等。

第五研究板块：着重研究"实现高等教育'质'的飞跃所面临的核心问题"（质量、水平大提升的问题）。主要围绕抓住"质量、水平提升"这个核心，回答"怎样建设高等教育强国"的问题；围绕质量、水平的提升目标（育人、科研、社会服务），实施"质量提升战略"的突破性举措。

第六研究板块：着重研究"实现高等教育'质'的飞跃所需要的理念创新"问题。主要围绕"质量、水平提升"这个核心，从促进高等教育理念创新的角度，从办学观、发展观、人才观、质量观、管理观、评价观等回答"怎样建设高等教育强国"问题。

第七研究板块：着重研究"实现高等教育'质'的飞跃所需要的体制与制度保障"（深化体制改革，加速制度创新问题）。主要围绕"质量、水平提升"这个核心，从深化体制改革，加速制度创新的角度，回答"怎样建设高等教育强国"的问题。其中包括加速建构"现代高等教育宏观治理结构与现代大学制度"；加速构建"公共财政保障制度和成本分担机制"；加速构建"体现分类管理与指导的多元评价制度"；等等。

第八研究板块：着重研究"实现高等教育'质'的飞跃所包含的结构优化"问题。主要围绕"质量、水平提升"这个核心，从结构优化的角度，回答"怎样建设高等教育强国"问题，其中包括如何构建与"科教兴国""人才强国"战略目标相适应的高等教育体系与结构问题，主要从办学层次结构、类型结构与国家生产力发展水平及趋势关系的角度，学科专业结构与产业结构相关性的角度等开展研究。

第九研究板块：着重研究在"实现高等教育'质'的飞跃所包含的扩大开放"问题。主要围绕"质量、水平提升"这个核心，从扩大对内、对外开放，特别是加强国际交流与合作这个角度，回答"怎样建设高等教育强国"问题。

第十研究板块：开展若干"高等教育强省"建设的个案研究。计划在东部、西部、中部以及全国高等教育发达的前5个省，同时又有前期"教育强省建设"背景的省份中选择4~5个省开展"建设高等教育强省"的个案研究。

第十一研究板块：开展若干不同层次、不同类型高校"立足本位，办出特色，为建设高等教育强国做出突出贡献"的个案研究。如在985高校、211高校、一般本科高校、新升本科高校、高职院校、民办高校等不同层次、不同类型高校中各选若干代表性学校，开展个案研究。

2. 项目研究的立项情况

项目发布后，得到全国各有关高校和省、市教育研究机构的积极响应，许多高校校长和研究机构领导都亲自挂帅申请项目相关板块的研究。截至4月末，收到项目申请书近150项。在专家评审的基础上，并经中国高等教育学会会长办公会讨论通过，对下列项目予以立项：

"遵循科学发展，建设高等教育强国"之一：总论

负责人：赵书生，时任中国教育报刊社社长

"遵循科学发展，建设高等教育强国"之二：内涵与特征

负责人：邬大光，时任厦门大学副校长，教授，博导

"遵循科学发展，建设高等教育强国"之三：意义与使命

负责人：瞿振元，时任中国农业大学党委书记，研究员

　　　　王建国，时任北京交通大学党委书记，高级工程师

"遵循科学发展，建设高等教育强国"之四：背景与条件

负责人：闵维方，时任北京大学党委书记，教授

　　　　陈学飞，时任北京大学教育学院常务副院长，教授，博导

"遵循科学发展，建设高等教育强国"之五：教育理念创新

负责人：李培根，时任华中科技大学校长，教授

　　　　刘献君，时任华中科技大学教育学院院长，教授，博导

"遵循科学发展，建设高等教育强国"之六：体制与机制

"遵循科学发展，建设高等教育强国"之七：优化结构

负责人：张德祥，时任大连理工大学党委书记，教授、博士

"遵循科学发展，建设高等教育强国"之八：质量与水平

负责人：张安富，时任武汉理工大学副校长，教授，博士

　　　　张昌民，时任长江大学校长，教授，博士

"遵循科学发展，建设高等教育强国"之九：扩大开放

负责人：卢铁城，时任四川省高等教育学会会长

　　　　谢安邦，时任华东师范大学高教所所长，教授，博导

"遵循科学发展，建设高等教育强国"之十：建设高水平大学

负责人：陈　希，时任清华大学党委书记

王孙禺，时任清华大学教育研究所副所长，教授，博导

"遵循科学发展，建设高等教育强国"之十一：做强地方本科院校

负责人：潘懋元，厦门大学教育研究院名誉院长，教授

"遵循科学发展，建设高等教育强国"之十二：做强高等职业技术教育

负责人：李　进，时任上海师范大学校长，教授

　　　　陈　智，时任顺德职业技术学院院长，教授

"遵循科学发展，建设高等教育强国"之十三：做强省一级高等教育

负责人：丁晓昌，时任江苏省教育厅副厅长，教授，博士

　　　　吴　岩，时任北京教科院副院长，教授，博士

项目研究队伍由高校与教育行政管理部门领导、教育理论专家和实践一线人员以及有关博士硕士研究生组成，其中研究项目负责人22名，子项目负责人近100名，研究人员总数达1 500多名，参与研究的高等院校150多所，形成了一支多校联合、多学科融合、老中青相结合的研究队伍。

3. 项目研究的组织和制度保障

为保障项目研究高水平完成，学会成立了"遵循科学发展，建设高等教育强国"重大攻关项目研究领导小组，具体人员如下：

顾问：陈至立（第十一届全国人民代表大会常务委员会副委员长）

组长：周远清

副组长：刘志鹏、谢桂华、张晋峰

项目办公室主任：赵书生

项目办公室副主任：阎志坚、叶之红

项目办公室成员：王小梅、高晓杰、周庆

与此同时，项目办公室制定了《"遵循科学发展，建设高等教育强国"重大攻关项目管理办法》《"遵循科学发展，建设高等教育强国"重大攻关项目经费管理办法》《"遵循科学发展，建设高等教育强国"项目经费拨付办法》《"遵循科学发展，建设高等教育强国"重大攻关项目研究项目合同书》《遵循科学发展，建设高等教育强国结题鉴定工作细则》等文件，从制度上保障研究工作的顺利进行。

4. 项目研究的基本原则

在项目研究之初，项目领导小组多次召开研讨会，确定了研究工作要遵循的基本原则：

一是体现战略性。项目研究要与我国未来发展的总体战略相适应，与建设人力资源强国这一战略目标相适应，与《国家中长期教育改革和发展规划纲要》有关精神相适应。为此，必须站在国家全局整体发展高度上开展项目研究，才能取得体现高等教育发展战略性的研究成果。

二是体现创新性。创新是一个民族进步的灵魂。研究建设高等教育强国问题，必须创新办学理念和发展理念，只有在新的理念引导下，才能探索形成建设中国特色高等教育强国的新途径和新政策，真正收到激发高等教育内部活力、优化高等教育外部环境之功效。

三是体现前瞻性。项目研究既要立足现实，更要着眼未来，将研究视野置于高等教育的中长期发展，把发展的前景和道路描绘出来，把需要采取的措施研究出来。要特别关注经济全球化和我国现代化建设面临的新情况、新矛盾和新趋势及其对高等教育的影响，进一步解放思想，大胆借鉴各种新理论成果，拓宽研究思路，推出富有前瞻性的成果。

四是体现参考性。项目研究应有政策的参考性，项目结题的时候应该提出一系列相应的政策建议，以及将来实施这些政策的配套措施，对国家及其有关政府职能部门进行决策时具有重要的参考价值。

五是体现整体性。项目研究既要立足于每个项目的研究，又要不拘泥于独立项目的研究。要突破项目之间的界限，加强项目组成员和各项目之间的联系与协调，强化彼此之间的学术交流和沟通，整体推进研究工作的逐步深化与不断提升。同时，要进一步扩大项目研究的参与面，注意汇聚行业、企业和社会各界人士共同参与项目研究，以期活跃思想、拓宽思路。

（二）成功申报国家级重大重点研究项目

为进一步凝聚高等教育领域管理工作者、实践工作者和理论工作者的智慧和力量，切实提高中国高等教育科学研究的水平，为加速高等教育强国建设贡献一份力量，在"遵循科学发展，建设高等教育强国"重大攻关项目研究的基础上，学会于 2008 年 4 月向全国教育科学规划领导小组办公室提出申请，开展"实施质量提升战略，建设高等教育强国"项目研究，同年被批准为国家社会科学基金"十一五"规划教育学重点项目。该项目以"质量和水平提升"为核心，通过系统分析重点建设和全面提升不同类型高校办学关系、高校学科建设管理模式、高校教师管理制度、人才培养模式、大学自主创新能力建设和产学研结合模式等问题，围绕高等教育育人、科研、社会服务的总目标，研究建设高等教育强国和"质量和水平提升"的关系，质量提升战略，分析影响质量和水平的多个核心因素，探讨提升质量和水平的措施、途径和方法，形成提升质量和水平的整体理论框架，为高等教育改革与发展奠定理论基础，并提供政策建议。

与此同时，中国高等教育学会又于2008年12月正式向教育部社科司申请"建设高等教育强国研究"重大攻关项目立项，并于2009年被批准立项，获得经费支持60万元。"建设高等教育强国研究"重大攻关项目由时任全国人民代表大会常务委员会副委员长陈至立同志亲自出任顾问，时任中国高等教育学会会长周远清同志任组长。"建设高等教育强国研究"重大攻关项目紧紧围绕中国"建设高等教育强国"这一重要历史命题，结合中国高等教育和经济社会发展现状，在学会重大攻关项目研究的基础上，进一步丰富研究内容，回答好"为什么要建设高等教育强国""什么是高等教育强国""现有基础能不能建设高等教育强国""怎样建设高等教育强国"等问题。

（三）项目开题阶段

1. 召开专题座谈会统一思想

为配合这项重大攻关项目的研究，凝聚全国高等教育领域理论工作者和实践工作者的智慧，经周远清会长提议，中国高等教育学会于2008年4月29日在北京交通大学召开了"建设高等教育强国"专题座谈会。来自北京大学、清华大学、中国人民大学、北京师范大学、北京交通大学、北京航空航天大学、厦门大学、大连理工大学、华中科技大学、武汉理工大学、武汉大学、华东师范大学、南京师范大学、顺德职业技术学院、中央教科所、辽宁教科院、北京教科院、天津教科院、中国教育报刊社、教育部评估中心等30多名校长和专家参加了座谈会。此次座谈会重点围绕"为什么要建设高等教育强国""什么是高等教育强国""怎么建设高等教育强国"等问题进行研讨，在一些重要问题上取得基本共识。

　　——关于为什么要建设高等教育强国。周远清认为，建设高等教育强国不是心血来潮、不是权宜之计，而是中国经济、社会、文化发展到现在对高等教育提出的必然要求。中国高等教育经过了大改革、大发展，虽然大家会有一些不同的认识，但总体来讲得到了大家的共识，这为中国高等教育进一步发展打下了坚实的基础。目前在大提高的过程中，中国高等教育需要有一个比较明确的目标来凝聚大家的思想，凝聚高等教育战线的力量，推动高等教育的改革发展。周远清的发言得到与会代表的积极响应，时任北京交通大学王建国书记、厦门大学潘懋元教授、时任北京教科院副院长吴岩研究员、时任四川省高教学会会长卢铁城围绕为什么建设高等教育强国谈了自己的观点和看法。主要观点如下：

　　一是建设高等教育强国是建设创新型国家的必然要求。国际上把将科技创新作为基本战略，大幅度提高科技创新能力并形成日益强大竞争优势的国家称之为创新型国家。大量国际经验表明，一个国家的现代化，关键是科学技术的现代化。同样，一个国家的创新，关键是科学技术的创新。有关研究认为，创新型国家应至少具备以下四个基本特征：创新投入高、自主创新能力强、培养和汇聚了大批创新型人才、创新产出高。在上述指标中，科技进步、自主创新能力、创新产出等三方面都与高等教育有着直接的联系。高等教育是知识创新的主要基地，是科技进步和人才培养的结合点。建设高等教育强国，更好地激发高校的知识创新和科技创新潜能，培养更多的创新型人才，不仅适逢其时，而且对建设创新型国家具有不可替代的先导性和基础性作用。尽管近些年我国高等教育的发展为建设创新型国家奠定了坚实的基础，但与国外和建设创新型国家的要求相比较，我国高校在投入和队伍等方面存在着很大的差距，这种差距直接或间接地造成了我国高校科技创新工作还不能充分适应创新型国家建设的要求，不仅制约了高校创新能力提升的步伐，也不符合高等教育为建设创新型国家服务的时代需要。

二是建设高等教育强国是建设人力资源强国的必然要求。关于人力资源强国的界定，比较公认的观点主要包括现代国民教育体系完善，教育产品的数量、层次和类别适应国民经济和社会发展需求全面受教育程度和创新人才培养水平高，能够培养一大批各个行业的一流人才，满足实现国家科技和经济社会发展目标的需要，对经济增长起到重要的推动作用。高等教育肩负着高层次人才培养、知识创新、科学研究和服务经济社会的重任，上述指标的界定，都与高等教育有着直接的关系。近些年我国高等教育的快速发展在建设人力资源强国过程中发挥龙头作用。我国高校本身就是国家优秀拔尖人才的聚集地，肩负着为国家培养一大批一流人才，满足实现国家科技和经济社会发展目标需要的光荣使命，是提高我国劳动力和专门人才群体国际竞争力的关键，是建设人力资源强国的重要基础和不竭源泉。教育兴旺发达，则人力资源兴旺发达，进而带来国家的兴旺发达。加快教育事业发展是全面提高人口素质，把巨大的人口资源转换为人力资本优势的根本途径。要想国家兴旺发达，建设人力资源强国，就要努力建设高等教育强国。

三是建设高等教育强国是高等教育自身发展的必然要求。近年来，我国高等教育发展实现了历史性的跨越。但是与建设创新型国家、人力资源强国要求和国外大学高校的作用相比，我国高等教育存在很多不适应的地方。主要表现在：一是创新性人才培养的质量和数量还很不够，特别是培养高层次人才的研究生教育还相对薄弱，对经济增长的贡献有待提高。二是知识创新、科技创新能力不够，相应的创新成果及其对经济社会的贡献不够。三是体制机制尚不完善，高校办学自主权未完全确立，教育公平竞争的机制没有完全形成，不利于高校自我发展能力的提高，从某种程度上来讲，政府职能在对学校的管理上也相对滞后。还存在两个根本性的问题。一是投入不足。二是师资队伍总体水平不高，世界级领军人才匮乏，创新人才成长的体制机制有待完善，很难以发达国家的条件聚集一流的教师和研究人员。因此，高等教育下一步发展重点，理应在做大的基础上立足于做强，从高等教育大国迈向高等教育强国。

中国高等教育学会顾问、厦门大学教育研究院潘懋元教授在谈到"为什么要建设高等教育强国"时指出：在改革开放30年之际启动"建设高等教育强国"这一新的项目，意义非常重大。三十而立是说小孩子长大了，而"世"就是繁体字"三"串起来的，就是说"30年称为一个世代"。我国改革开放已经历了一个世代，现在正要进入第二个世代，这时要有新的考虑。假如我们说在第一个世代，中国高等教育的发展主要进行了思想准备和一些必要的基础准备，这 30 年来从数量增长上来讲，中国的高等教育已从数量落后的国家成为高等教育第一大国，这是 30 年改革开放的成果。第二个世代，我们要让中国从人力资源大国成为人力资源强国，要实现这一目标主要靠高等教育。因此，在此时提出"建设高等教育强国"这样一个战略性的命题是具有重大意义的。

时任北京教科院副院长吴岩认为：教育不能救国，但教育可以兴国，高等教育有可能强国。历史和实践证明，一个国家在发生危机时，教育不能救国，但是中国和世界上其他国家的发展过程中，尤其是中国 30 年的发展历程证明，教育可以振兴国家。如果前 30 年的发展打下了全面兴国的基础，今后的 30 年是否可以探索一条高等教育强国的路径，也就是说，要探讨高等教育是否可以在提高国家的核心竞争力方面成为支撑或基本要素。

时任中国高教学会副会长、四川省高教学会会长卢铁城围绕"为什么要建设高等教育强国"的话题谈了自己的认识：胡锦涛同志在 2007 年教师座谈会上的讲话强调了科技进步日新月异、国际竞争日趋激烈、知识和掌握知识的人才已经成为提高国家综合国力和竞争力的关键。建设创新型国家、建设人力资源强国，这些国家发展战略是依据这样的时代大背景和我们的发展目标确定的，但最为核心的是落实到人才上。所以胡锦涛同志讲到：人才的基础在教育。必须要有先进的教育体系才能培养出符合国际竞争所需要的人才。因此，在现在的背景下，为了贯彻国家整个的发展战略，增强国家核心竞争力，必须要加快"建设高等教育强国"的步伐。

——关于什么是高等教育强国。时任武汉理工大学副校长张安富认为"建设高等教育强国"，首先应该把握"建设高等教育强国"的特征，如果不把握"高等教育强国"的特征，就不知道从哪里建设、怎样建设。他认为"高等教育强国"应有外显的特征和内显的特征两种。

时任北京教科院副院长吴岩认为"建设高等教育强国"是指如何建设高等教育，高等教育如何强国是另一个问题。"建设高等教育强国"是中国高等教育发展战略的考虑，如果是"高等教育如何强国"则是国家战略考虑的问题。"建设高等教育强国"首先应该考虑"高等教育如何强国"，在这个战略下才能讨论"如何建设高等教育强国"。如果我们在"高等教育如何强国"方面没有取得国家的认可，那么"建设高等教育强国"就是自话自说，自己娱乐自己。如果这个项目在经过一段时间的大规模研究之后，能够为中央、国务院决策所采纳，那么才能有意义。

北京航空航天大学赵婷婷认为"建设高等教育强国"应有两层含义：一是高等教育系统本身强大；二是高等教育去强大国家。这两点同样重要。国外是做强了高等教育，然后对国家的强大也起了帮助，这一切是一个自然的过程。在中国是为了做强国家而去建设强大的高等教育体系，为国家强大服务。在精英高等教育阶段，很难兼顾自身和社会两方面。而大众化阶段则是一个契机，一流大学做强自己，为国家强大做基础研究，一般高校要更多为区域社会经济发展服务。

——关于怎样建设高等教育强国。与会代表对"怎样建设高等教育强国"都给予了特别的关注，所阐述的观点反映出代表们对这个问题的深入思考。

潘懋元教授认为，建设高等教育强国，其中重要的一点就是要研究不同层次、不同类型的高校在建设高等教育强国中如何发挥作用的问题。这是一个落脚点，这一落脚点存在的原因主要有以下两点：第一，我们要建设中国人力资源强国，作为强国的人力是多种多样、多层次的。第二，现行的很多政策、措施、规范、制度等使我国的高等教育出现趋同化的现象。全国高考一个考题，这是趋同；现在研究生入学考试和本科一样，必须要从高分到低分，有严格的限制，而不是可以自己选择，这都是趋同化。因此，针对国家需要多样化人才而高等教育趋同化的现实，就要更加重视研究不同层次高校的特点及未来的发展方向。对于不同类型、不同层次的高校目前有三种类型划分：研究型、职业型，以及是大量存在于两者之间的应用型。如何建设、发展应用型大学？只有一个趋同化的经验，或者说只有传统大学的模式是行不通的。应用型的目标是什么，课程是如何设置的，教材是怎样的，应用型的教学方法是怎样的，如果没有落实，那么我们所说的培养多种类型的人才就很困难了。应该说，我国高等教育的发展战略是正确的，但许多政策并没有跟上；战略正确、政策不配套，战略就悬空。因此，"建设高等教育强国"最终要落实到不同层次、不同类型高等教育的建设中。

时任《中国高等教育》主编陈浩也就"怎样建设高等教育强国"谈了自己的看法。他认为"建设高等教育强国"应该有两条路线：一是"自上而下"的推动，二是要"自下而上"的推动。大家更多地希望"自上而下"的推动，这样会更容易一些。如果"上"的人思想没有解放的话，就需要"下"来做。目前高等教育存在两个现象：一是对已有的成就传播不够，二是对问题研究不透，大量新问题出现。"建设高等教育强国"项目研究不需要空洞地谈，而是要针对问题来谈。建设高等教育强国有三大呼唤：第一，呼唤充满活力的现代化的高等教育体系。第二，呼唤高等教育管理现代化，迫切需要高等教育管理由经验走向科学。第三，呼唤高等教育改革开放要有新突破，需要思想大解放。

时任大连理工大学党委书记张德祥认为，"高等教育强国"既是一个目标，也是一个过程。作为目标来讲，应该有两个方面：一是高等教育强国涉及国家和人民；二是应该放在世界的角度上，来看我们的高等教育强国。在"研究建设高等教育强国"时，要很好地看看我们的现状，看看高等教育存在什么问题，这样才能更好地建设高教强国。也认为目前比较突出的矛盾有以下几个方面：一是管理体制；二是投入方面；三是机制问题；四是制度问题。

时任中国高等教育学会副会长、四川省高教学会会长卢铁城在发言中着重谈了几个体系的问题：一是规模；二是质量；三是结构；四是效益；五是水平和贡献。

时任厦门大学副校长邬大光认为，在研究"建设高等教育强国"的项目时，首先要把和中国高等教育发展相关的一些问题研究一下。中国高等教育的发展和经济、文化中心形成的关系，在学理上始终没有解决。项目研究中应该把学理的问题做清楚，也就是把高等教育强国和文化、经济强国之间是自觉还是非自觉的研究清楚。

时任北京教科院副院长吴岩对于"怎样建设高等教育强国"的问题也发表了自己的看法。他认为，今天我们谈"建设高等教育强国"，如果变成了东、中、西平行发展，我们就不是高等教育强国。在这方面，我们应该向美国学习。美国是典型的高等教育强了国和高等教育强国的典范。一些非常有名的专家对美国的经验是这样总结的：美国今天之所以强盛，并不是整体上都很强盛，而是三个发展带支撑了美国今天的霸主地位。这三个发展带分别是：波士顿、纽约、华盛顿发展带；西部西海岸洛杉矶、旧金山发展带；北部芝加哥发展带。这三个发展带是美国在世界工业、科技、农业中具有代表性的中心地带，这三个地带恰恰是美国不同类型的大学聚集的地方，所以美国在发展高等教育强国时都不是平均地发展，我们也应如此。今后高等教育强国可能应该先是强区，这样高等教育强国才能操作。

时任华中科技大学教育研究院副院长别敦荣认为：过去的改革30 年，主要是招商引资，引进国外的技术和设备，来促进我们的经济增长。但我们现在要走自主发展的道路，要建设创新型国家，不能单纯引进人才和技术设备，要靠自身建立高教强国，支撑国家发展。

时任教育部评估中心副主任李志宏认为："建设高等教育强国"应该是不同类型、不同层次的学校都应该有好的学校。现在很强的学校"211"是没有问题了，目前正在做的是建设 100 所示范性的高职院校。除此之外，是否需要有一批培养应用型人才的示范性院校？国家如果可以拿出 100 亿来启动这件事情，这些以本科教育为主的学校，也能办出一流的教育，那么这些学校就可以明确自己的定位。原来老的高工专院校，现在都变成本科了，他们应该往哪里走，国家应该从评估制度等方面来促进他们的发展，这样高等教育的结构才会更加合理。如果几个"211 工程"都能实现，就是一件很好的事情。

2. 召开开题报告会，推进项目研究

为保障重大攻关项目高质量推进，2008 年 6 月 11 日，中国高等教育学会在国家教育行政学院召开了"遵循科学发展，建设高等教育强国"项目开题报告会。陈至立同志出席开题报告会并讲话。陈至立同志讲话内容摘要如下：

一是为什么要提出"建设高等教育强国"的问题。在去年直属高校工作咨询委员会会议上提出"建设高等教育强国"之前，我曾邀请很多大学书记、校长来讨论这种提法是否科学、是否适时、是否会引起一些误解。经过讨论，大家一致认为提出"建设高等教育强国"是比较科学和必要的，是国家发展战略的需要。高等教育的发展与整个国家的强大、振兴是紧密联系在一起的。党中央提出全面建设小康社会，建设创新型国家，建设人力资源强国，这些都必须有高等教育强国来支撑。高等教育的整体质量决定了这个国家的科技实力和人才实力。我认为，当前提出"建设高等教育强国"是有条件、有基础的。中国高等教育经过了世纪之交的大改革、大发展，已经进入了大众化发展阶段，我国高等教育的数量规模已经是世界第一。高等教育的宏观体制改革已经基本到位，包括办学体制改革、管理体制改革、收费制度改革、就业制度改革等。虽然高校内部管理体制改革还没有完全到位，还有一些可以突破的地方，但从总体来看，有了世纪之交高等教育改革和发展的基础，高等教育的布局比原来更加合理，现在基本上每个地市都有一所高等学校。中国高等教育总体实力和十几、二十几年前相比要强很多，"211 工程"和"985 工程"的实施，使高校的整体水平有了很大提高。总体上讲，世纪之交中国高等教育的大发展为本世纪一百年的发展奠定了基础。另外，经济发展使国家有了更大的实力，改革也得到了世界的认可。现在国家站在一个新的起点、新的发展阶段，高等教育也站到了新的起点上。高等教育站在一个新起点上，下一步往哪儿去？这是迫切需要回答的问题。所以这个时候提出建设"高等教育强国"是比较自然的，不是天方夜谭的口号。

开展"遵循科学发展，建设高等教育强国"项目研究的目的有两个：第一，进一步明确我国高等教育发展的方向。在大发展以后当然会有一些困难，出现一些问题，如经费问题、质量问题、教师问题等。前一阶段的大改革、大发展，实现了高等教育从精英教育到大众化教育阶段的过渡，下一步怎么走？这必须要有一个指导方向。只有明确了目标方向，才能使高等教育沿着正确的方向发展。第二，进一步统一思想、提高认识。建设高等教育强国，就是要更自觉、更主动地以科学发展观为指导进行整体规划；要提高中国高等教育的质量、充实内涵、优化结构。我们所讲的高等教育应该包括高水平研究型大学、地方本科院校、高等职业技术院校等各级各类高等教育形式，它是一个整体，而不仅是某几所学校。

二是对高等教育地位的认识。对高等教育的地位应该有进一步的认识。邓小平同志指导改革开放，就是从教育入手：一是恢复高考，而且是马上恢复；二是大规模派遣留学生，加大开放力度。邓小平同志的思想非常敏锐，突破点选得非常准确，这也给大家非常大的启发。高等教育的战略地位关系到国家的发展和前途，关系到创新型国家的建设、先进文化的建设，所以是国家的需要、战略的需要、人民的需要，是中华民族伟大复兴的需要。没有大批莘莘学子从这样的高等教育中培养出来走向社会各个方面，中华民族的伟大复兴是没有办法实现的。建设高等教育强国不是靠几个人，也不是靠一批人，而是靠高等教育战线的全体同志、各级各类学校，包括各方面的支持才能成功。

三是对项目研究的几点期望。我们启动"遵循科学发展，建设高等教育强国"项目研究非常好，意义很大，因为项目本身就是个大问题，这是由它的重要性和现实性所决定的。在这里，我对项目研究提出以下几点期望：

第一，项目研究要具有科学性和前瞻性。既然是研究项目，研究结果应该符合事物的规律，具有科学性。目前项目设置的 13 个子项目非常好，这种科学的布局、科学的分解本身就决定了它的科学性。在进行项目研究时，不仅仅要思考现在的问题，还必须把发展的前景和道路描绘出来，把需要采取的措施研究出来。此项项目研究还应该有政策的参考性，项目结题的时候应该提出几条大的政策，以及将来实施这大政策的配套措施。这样，将来党和政府进行决策的时候，能够采纳若干条来推动此方面的工作。

第二，项目研究要具有指导性。从指导思想来讲，项目研究要以"党的十七大"精神为指导，落实科学发展观；同时要进行国际比较，具有国际视野，但是必须注重中国特色。指导性原则主要是指从事高等教育工作的教育行政部门、学校校长书记、院系主任书记们看了研究成果以后都会受到启发，知道工作应该如何改进。

第三，项目研究要理论与实际相结合。此项项目研究要结合当前所存在的问题，从理论和实践相结合的角度研究，把这些问题研究透。

第四，项目研究要远近结合。此项项目研究既要研究美好的前景，比如 2020 年、2030 年、2050 年中国高等教育是什么样等远的前景目标，也要研究目前建设高等教育强国的一些"瓶颈"

在哪儿，包括观念上的"瓶颈"、体制上的"瓶颈"、政策上的"瓶颈"等，使人们明确目前应该从哪儿突破，从哪儿起步。

第五，项目研究要虚实结合。此项项目不能只是针对实际工作的研究，必须给人以思想上、理论上的启发，另外也可以在实际工作中得到指导。

第六，进一步解放思想，深化改革。"建设高等教育强国"目标的提出有利于高等教育战线的思想进一步解放和深化改革。当前思想怎么解放？在此次会上，与会专家谈的还不够畅快，不够鲜明，新的观念、新的思想不够突出，需要大家进一步研究。在教育科研中应该强调学术严谨和学术自由。科学研究无禁区，包括学校治理结构、教育行政部门和学校的关系，这些研究都应该列入进去。

第七，要鼓励创新。如果没有创新的思想，没有思想的进一步解放，我们就不可能进一步突破体制、机制、思想的束缚。高等教育强国的建设，肯定要伴随着很多旧观念、旧体制的突破。当然，怎么突破目前不清楚，需要大家共同研究。

3. 国家领导人提出努力建设高等教育强国

2008 年 12 月 19 日，在第十七次全国高等学校党的建设工作会议上，时任中共中央政治局常委、中央书记处书记、国家副主席习近平从夺取全面建设小康社会新胜利的大局和实现中华民族伟大复兴的高度出发，提出要推动高等教育事业科学发展，努力建设高等教育强国。时任教育部党组书记、部长周济在会议总结讲话中强调，要认真学习贯彻落实习近平同志在会议上的重要讲话精神，科学谋划未来，把思想认识统一到建设高等教育强国的新目标新要求上来。党中央在新的历史起点上，提出了建设高等教育强国的新目标和新要求，对研究项目来说是一件备受鼓舞的事情，也使项目研究人员倍感责任重大。

4. 项目领导小组组长致信各项目负责人

为将项目研究扎实推进，"遵循科学发展，建设高等教育强国"重大攻关项目领导小组组长周远清于 2008 年 12 月 23 日向各项目负责人致信，全文如下。

周远清同志致"遵循科学发展，建设高等教育强国"

项目研究负责人的信

各项目研究负责人：

大家好！中国高等教育学会"遵循科学发展，建设高等教育强国"重大攻关项目正式启动以来，得到了大家的鼎力支持。到目前为止，大部分研究项目已陆续召开了开题报告会。从开题的总体情况看，各研究项目组负责人都非常重视，组织得力，进行了比较充分的前期准备。项目研究总体思路明晰，计划合理可行。项目办公室近期已将研究项目合同任务书等相关文件寄给了研究项目负责人，希望各研究项目负责人督促项目组成员严格按照任务书、合同书的要求进行研究。

12 月 19 日，在第十七次全国高等学校党的建设工作会议上，中共中央政治局常委、中央书记处书记、国家副主席习近平从夺取全面建设小康社会新胜利的大局和实现中华民族伟大复兴的高度出发，提出推动高等教育事业科学发展，努力建设高等教育强国。教育部党组书记、部长周济在会议总结讲话中强调，要认真学习贯彻落实习近平同志在会议上的重要讲话精神，要科学谋划未来，把思想认识统一到建设高等教育强国的新目标新要求上来。

党中央在新的历史起点上，提出了建设高等教育强国的新目标和新要求，对我们的研究项目来说是一件备受鼓舞的事情，也使我们倍感责任重大。2009年高等教育国际论坛将以"遵循科学发展，建设高等教育强国"作为论坛的主题，各研究项目的中期成果将在大会上作主题发言。希望各研究项目负责人抓紧工作，精心组织研究，尽早拿出有价值的研究成果，并能够及时拓展研究成果的社会影响，在相关期刊和媒体上发表有关文章和论文。

（四）项目中期检查阶段

为进一步推动项目的深入研究，项目办公室在2009年8月到9月对12个研究项目的进展情况集中进行项目中期检查汇报。项目领导小组按计划，分赴研究项目所在地对研究工作进行了中期检查。

1. 中期检查总体情况

在检查的过程中，项目领导小组认为项目各研究组工作扎实认真，在研究中基本上都做到了以下几点：

一是坚持正确的研究指导思想。大部分研究项目在研究过程中，力求解放思想，力求创新；从宏观着眼，微观入手；有明确的问题意识、方法意识和概念意识。既从历史出发，也展望未来高等教育的发展趋势；既借鉴国际经验教训，更重视中国高等教育的改革与实践。力求做到历史与未来、理论和实践的逻辑统一。

二是精心规划组织，合理分工合作。许多研究项目都是多校联合、多学科参与，在项目的研究过程中，大多数研究项目都定期组织召开项目组成员研讨会，分配和落实项目组各成员学校的研究任务。

三是抓住强字，从"强"入手。项目研究的目的是"建设高等教育强国"，因此大部分研究项目都能够紧紧抓住"强"字做文章。

2. 项目研究特色鲜明

各研究项目组在研究中运用多元研究方法，突出六大特点：

一是注重研究文献的梳理和信息的收集。文献研究是项目研究的起点和基础，纷繁的研究文献的梳理对于进一步开展项目创新研究是必要的。因此，大部分研究项目组给予了高度重视，在确定研究重点的同时，也开始了相关文献的收集、整理和分析，这项工作一直持续到现在仍在进行中。在文献收集的方法上，主要有三种：第一，利用图书馆、资料室和相关文献数据库，广泛收集各类中外文研究文献。第二，利用国际互联网，直接收集所需要的第一手相关资料，获得对有关研究问题的直接认识。第三，利用国外关系，获取相关研究资料。许多项目组成员请在国外访学留学的老师、朋友和同学伸出援助之手，帮助在国外查阅有关资料。通过文献的收集和研究工作，项目组逐渐厘清了国内外有关方面的研究现状和发展态势，明确了研究思路和研究方向，对研究工作要达到的目的做到了心中有数。从目前项目办公室掌握的情况看，许多文献综述具有重要的学术价值，为今后的研究奠定了非常好的基础。

在文献梳理的同时，一些研究项目组还非常重视信息的采集和处理，建立了相关研究的数据库。"做强高等职业技术教育"研究项目组分别对东部地区、中部地区、东北地区、西部地区的高等职业教育的现状进行了调查，建立了大约 2 000 万字的高等职业教育发展的数据库，并形成了若干篇有价值的高等职业教育发展报告。

"做强地方本科院校"项目组，走访了国内十几所地方本科院校，实地考察这些院校的办学定位、特色、发展等情况，掌握了大量有价值的一手材料。同时，项目组还对500多所地方本科院校校园网上的"学院简介""学校概况""历史延革""发展规划""办学定位"等栏目的资料进行统计分析，进一步了解了我国地方本科院校的办学历史、层次、规模、类型与布局，以及地方本科院校在办学定位上存在的问题，形成了有关方面的数据库。

二是从实然到应然，注重比较研究。本研究不是纯学术研究，要从我国高等教育发展的实然出发，在研究我国高等教育发展的基础上，总结经验教训，以科学发展观和提高教育质量为核心，放眼未来，从全球化、国际化视野出发提出具有中国特色的现代高等教育理论体系和实践路径。一些研究项目根据各自的研究内容开展了国际比较研究，获得了大量有价值的研究数据，如"质量与水平"研究项目组、"教育理念创新"研究项目组、"背景与条件"研究项目组、"建设高水平大学"研究项目组、"内涵与特征"研究项目组、"做强省一级高等教育"研究项目组等。由厦门大学等单位承担的"内涵与特征"研究项目，收集了102个国家的高等教育发展数据，初步分析了处于精英化、大众化和普及化不同阶段的国家高等教育规模影响因素的相关性，为建立高等教育强国指标体系奠定了基础。"质量与水平"项目组建立了41个国家高等教育质量与水平分年度综合得分及排名情况的数据库。在国际比较的同时，一些研究项目还非常重视国内高校之间的比较研究。如"做强地方本科院校"项目组，非常注重应用型大学与研究型大学之间的比较。不局限于对单个院校的研究，强调从全局出发进行研究，即把国内同类院校都作为项目的比较对象，探索共性与差异。

三是注重专家访谈，直面主要问题。为了深入了解社会各界专家对于高等教育若干基本问题的看法和认识，"质量与水平"研究项目组派出调研组，利用 2009 年高等教育国际论坛的机会对参加会议的 34 名专家进行了个别访谈，并在北京国家教育行政学院对在此学习的 6 位高校领导进行了小组访谈，形成了访谈调研报告。为了系统全面地了解高校不同群体和社会各界人士对于高等教育质量与水平的看法和评价，"教育理念创新"研究项目组，走访包括国内外著名学者阿特巴赫、涂又光在内的学者、大学领导 40 余人。"做强省一级高等教育"项目组对天津经济技术开发区、珠三角地区、长江三角洲地区等的相关人员进行了访谈，进一步明确了建设高等教育强国与增强中国经济和科技实力之间的关系等问题。这些访谈，对于了解各界对"建设高等教育强国"的看法和建议起到了非常重要的作用。

四是开展问卷调查，注重数据分析。为了系统全面地了解高校不同群体和社会各界人士对于高等教育质量与水平的看法和评价，"质量与水平"研究项目，开展了大样本的问卷调查，在 102 所高校发放了问卷，分 985 高校、非 985 的 211 高校，地方本科院校和高职高专四类。高校分为教师、管理人员、学生三类人群。每所高校教师 50 份、管理人员 30 份，学生 100 份。社会各行业 300 个单位，每个单位 5 份。共计发放问卷 19 860 份，高校已经回收 73 所，回收率 71.5%。数据全部录入完毕。社会各界人士问卷已回收 120 个单位，其他单位正在回收之中。目前，问卷数据库基本建设完成。其他研究项目组也从不同研究角度，开展了大量问卷调查工作，取得了大量的第一手数据，为下一步的研究工作开展打下了良好基础。

五是拓宽研究视野，注重多学科研究。建设高等教育强国，不仅涉及高等教育自身的发展，也和科技、经济、文化等方面密切相关。多学科的研究视角对于项目研究的创新和深入发挥着至关重要的作用。因此，在研究的过程中，许多研究项目组都采取了多学科的研究方法，力求从不同的视角研究我国建设高等教育强国之路。"背景与条件"研究项目组从经济、制度和高等教育自身建设三方面探索建设高等教育强国的条件。在研究中运用实证的方法考察了我国人力资源现状，力争构建高等教育发展指数，探讨建设高等教育强国的现实基础和发展战略；考察了我国经济发展形势，进行总体和强国案例的国际比较，分析建设高等教育强国所依赖的经济基础和财政条件；以高等教育强国和与中国经济条件相似的国家为案例，研究并比较其大学和政府之间的关系、学术自由制度和相应的政策条件，以期提出建设高等教育强国的制度变革和政策建议。"优化结构"研究项目引入协同学的原理，由实证研究挖掘、聚类而归纳出各种因素之间纵横关系的协同状态以及度量的尺度，进而基于协同学分析，确定主宰高等教育系统发展的序变量，以及制度、市场、学校三种动力的非线性作用关系，建立协同动力学模型，奠定高等教育布局结构优化协同论的基础，为布局结构优化建立一个参考准则与度量尺度，为布局结构优化与决策提供可靠的依据。

六是与实践紧密结合，注重政策研究。研究是为了从学理上弄清什么是高等教育强国，如何建设高等教育强国，更是为了促进中国高等教育的健康发展，提高政府决策的科学性和政策制定的合理性。因此，大部分研究项目都关注了相关政策的研究，从中国高等教育政策的经验与教训出发，并与中国高等教育未来发展相结合，为政府将来出台建设高等教育强国的决策提供理论基础，为政策实施提供建议咨询。"做强省一级高等教育"项目组在研究的过程中，非常关注研究成果对政府决策的影响，做到了边研究边推广，努力提高和扩大阶段性研究成果的应用效益和政策影响力。他们所取得的部分研究成果对区域高等教育规划的制定做出了重大的贡献，引起了有关领导的高度重视。

3. 项目研究产生了诸多新观点

项目研究在一些重要的理论问题上提出了新的观点。

关于"为什么要建设高等教育强国"这一命题的研究，中国农业大学党委书记瞿振元教授认为：中华民族的崛起呼唤着高等教育的崛起，建设高等教育强国需要从更高更宽视域透析高等教育的属性与功能；建设高等教育强国要服务于全面建设小康社会的"五大建设"。

在研究我国"能不能建设高等教育强国"的问题上，北京大学教育学院岳昌君代表"背景与条件"项目组围绕中国高等教育财政投入的问题阐述了他们的观点：中国要想建设高等教育强国，第一步要做的是，必须使得高等教育经费的相应比例超过世界平均水平，接近发达国家水平。

采取什么样的高等教育实践来建设高等教育强国，是一个比较复杂的高等教育选择问题。在研究的过程中，项目研究所预设的九大路径在理论上都不同程度地取得了一些突破。

"教育理念创新"项目组负责人、时任华中科技大学校长李培根院士在报告中指出：建设高等教育强国要确立国家高等教育理念，为微观层面的个性化办学理念提供宏观指导；同时，还应在继承与批判中创新高等教育理念。

"优化结构"项目组负责人、时任大连理工大学党委书记张德祥教授在报告中从制度分析的视角阐述了制度变迁对高等教育结构变化的影响。他认为：我国高等教育制度变迁的核心内容在于转变管理体制、办学体制、投资体制、招生就业制度、高校内部管理体制。

"质量与水平"项目组负责人、时任武汉理工大学副校长张安富教授在报告中指出：确立标准是提高质量与水平的前提；找准问题是提高质量与水平的突破口；制度创新是提高质量与水平的关键；学科建设是提高质量与水平的基础；教学改革是提高质量与水平的核心；文化建设是提高质量与水平的源泉。

华东师范大学高教所阎光才教授代表"扩大开放"项目组在报告中指出：在建设高等教育强国的进程中，应进一步完善高等教育开放的宏观政策与制度；利用我国经济崛起的优势，提升我国教育贸易服务水平；建立与完善引进国外优质高等教育资源的机制。

时任清华大学教育研究院副院长袁本涛教授代表"建设高水平大学"项目组在报告中用翔实的数据阐述了高水平大学建设对经济、社会发展的重要贡献，并在此基础上提出了中国未来高水平大学建设政策实施的建议。

"做强地方本科院校"负责人、厦门大学教育研究院名誉院长潘懋元教授认为，建设高等教育强国，必须做强地方本科院校，而做强地方本科院校首先要研究地方本科院校的定位问题，包括区域定位、层级定位、能级定位、人才培养定位等。

"做强高等职业技术教育"项目组负责人、时任上海师范大学校长李进教授在报告中指出：高职教育的可持续发展，是做强高职教育的持续过程。做强高职教育一是强化类型、强调特色，二是强化功能、强调内涵。

"做强省一级高等教育"项目组负责人、时任江苏省教育厅副厅长丁晓昌教授，时任北京教科院副院长吴岩教授分别从建设高等教育强省必须具备的条件以及构建与国家主体功能趋向适应的区域高等教育的视角，提出了集群化区域发展新模式等新的理论观点。

总之，虽然各研究项目组得出的研究结论和观点还只是初步的，但在研究中通过点的突破，提出了许多新的观点，为下一步研究工作奠定了坚实的基础。

4. 项目研究取得了一批学术研究成果

据项目办公室的粗略统计，在中期检查阶段，各项目组已在各类公开刊物上发表的研究论文达 130 多篇，一些研究文章还被《新华文摘》《人大复印资料》等全文转载。专著《建设高等教育强国文集（一）》由高等教育出版社编辑整理，2010 年 10 月份正式印刷出版。项目领导小组编辑印发了 14 期《学术活动专刊》，呈交给教育部有关领导及各研究项目组参考。

部分阶段性研究报告被政府采用，部分研究论文被《新华文摘》和《人大复印资料》全文转载。如：吴岩等《关于推进京津冀区域教育合作的建议报告》研究报告专送北京市教委主要领导、北京市委市政府主要领导，部分研究成果被采纳。"建设高等教育强国的若干思考"等被《新华文摘》全文转载，"高等教育强国——中国教育的新使命"等被人大复印资料《高等教育》理论前沿栏目全文转载。通过项目研究培养了一些硕、博士生，他们以此研究主题作为学位论文选题，并发表了一批高质量的学术论文。在项目研究中逐步形成了由理论工作者、实践工作者和领导干部三支队伍结合的研究团队。

5. 举办国际论坛，传播研究成果

在中期检查的基础上，2009年10月25—27日，中国高等教育学会与浙江省人民政府联合举办了"建设高等教育强国"国际论坛。此次高等教育国际论坛的参会代表为历届最多，有来自全国各地及美国、日本等600多名中外专家与会。时任全国人民代表大会常务委员会副委员长陈至立同志在百忙之中专程到会，并在论坛开幕式上做了重要讲话。时任中国高等教育学会会长、教育部原副部长周远清同志在开幕式上做了主旨报告。时任教育部部长助理、党组成员吴德刚同志，时任浙江省省长吕祖善，以及浙江省委、省人大、省政府、省政协等有关领导同志出席了开幕式。

陈至立同志在讲话中表示，2008年中国高等教育学会把建设高等教育强国的问题列为重大研究项目，并于2008年6月在国家教育行政学院召开了"遵循科学发展，建设高等教育强国"重大攻关项目开题报告会。各研究项目组在开题过程中对"什么是高等教育强国""为什么要建设高等教育强国""怎样建设高等教育强国"等一系列理论与实践命题提出了初步的研究设想。据介绍，开题以后，各项目组开展了大量的调查研究，取得了多项有价值的研究成果，可喜可贺！她希望全国广大的高等教育科研工作者继续深入开展对建设高等教育强国的理论研究和实践探索，为加快建设高等教育强国提供更多的理论支撑和实践经验，来推动高等教育强国建设。她建议加强以下几个方面的研究：一是关于优化高等教育的布局、层次、类型和学科结构问题；二是关于全面提高高等教育质量，培养一批拔尖创新人才和大批各级各类优秀人才问题；三是关于建设具有国际领先水平的学科带头人和具有国际竞争力的教学科研队伍问题；四是关于提高"211 工程"和"985 工程"的成效，建设一批一流重点学科、若干所世界一流大学和一批国际知名的高水平大学，取得一批在国际上具有重大影响的科研成果的问题；五是关于真正使高等教育为社会提供一流的服务，成为科技成果转化为现实生产力的生力军，推动经济社会发展的"思想库"和"人才库"问题。她强调几个问题：一是要进一步解放思想、与时俱进、深化改革、不断创新；二要遵循客观规律、循序渐进、坚持不懈、长期奋斗；三要弘扬大学精神，创造民主、宽松、开放、和谐的学术环境和人文环境；四要坚持从我国国情出发，建设中国特色的高等教育强国；五要有一批高瞻远瞩、有思想、有胆略、杰出的书记和校长。

各研究项目负责人围绕中期研究成果做了精彩的学术报告。他们在相关的理论和实践问题上提出了许多新的观点，引起了与会代表的强烈共鸣。在与会代表的共同努力下，为期两天的国际论坛圆满地完成了各项日程，取得了丰硕的成果。

一是内容丰富，主题突出。此次国际论坛既是一次项目研究的学术研讨会，又是一次阶段性研究成果的学术交流大会。来自"遵循科学发展，建设高等教育强国"重大攻关项目下的 12 个研究项目的 13 位专家结合所承担项目的研究成果做了主题学术报告。同时，此次论坛还围绕研究主题开设了四个专题论坛，它们分别是：建设高等教育强国意义使命、内涵本质、背景条件；做强省一级高等教育、做强地方本科院校；做强高等职业教育；高等教育学博士生论坛。

二是各方重视，规模空前。各项目组非常重视此次论坛，组织了项目主要研究人员参加会议。可以说，此次盛会是高等学校与高等教育行政部门的领导、管理工作者和高等教育研究理论工作者三支研究队伍的大会师。

三是交流平台，学术盛会。此次论坛为"遵循科学发展，建设高等教育强国"重大攻关项目的研究提供了一个高水平的学术交流平台，不仅推动了项目的深入研究，同时也带动了整个高等教育科学研究水平的提高。50 余位教育行政部门的领导、高校校长、党委书记及中外高等教育专家学者从不同的视角做了学术报告。这些学术报告得到了与会专家和代表的高度评价。

四是抓住契机，提升质量。在此次论坛上，论坛组委会特别邀请了近 30 位项目组外的专家对 12 个研究项目的 13 位专家的学术报告进行了评价，所有报告都得到了良好以上的评价，其中 70% 的报告被评为"优秀"。此次论坛不仅对推动项目研究的深入开展将发挥积极的作用，而且对于推动整个高等教育科学研究也将产生深远的影响。

6. 明确需要进一步深入研究的问题

虽然项目研究取得了一些显著的成绩，但研究中存在的问题不容忽视。通过中期检查，明确了需要进一步研究的问题。

一是加强深度研究，从经验性、资料性研究转向针对性和思想性研究。目前的项目研究对已有的研究成果归纳、整理得较好，但缺乏进一步的研究与提升，在研究探索带有规律性的理论和观点方面需要下更多更大的功夫。

二是加强研究成果要具有前瞻性和指导性。本项目的研究是今后比较长时期的高等教育改革发展具有前瞻性的决策咨询性研究。从目前的研究情况看，对新的发展趋势及未来预测的研究在高度上、广度上和深度上都还不够。

三是加强协调与整合，密切合作，保证整体推进与提升。项目研究在设计之初，为了充分调动各方研究力量，几乎每个研究专题都汇集了多所高校的研究人员参与，实现了三种研究人员的汇合，推动了高等教育研究的整体水平。但是，这种研究团队的构建在项目研究的过程也出现了一些协调和沟通方面的问题。

针对上述问题，项目领导小组要求各项目组在后续的研究中着重处理好以下几个关系：各个研究项目与整体研究项目之间的关系；研究项目与各子项目之间的关系；参与研究项目各有关单位之间的关系；参与研究项目有关负责人、研究人员之间的关系。

7. 对下一步工作做出统筹安排

《国家中长期教育改革和发展规划纲要（2010—2020年）》的颁布实施标志着我国教育改革和发展已经站到一个新的平台上，进入了一个新的历史阶段。该纲要序言指出，加快从教育大国向教育强国、从人力资源大国向人力资源强国迈进，为中华民族伟大复兴和人类文明进步做出更大的贡献。以该纲要实施为契机，探索具有中国特色高等教育思想理念，建设高等教育强国，是时代赋予我们的历史使命。项目领导小组强调将充分调动各研究项目组成员的积极性，加强项目的组织协调，扎实、深入地开展项目研究的相关工作。项目领导小组决定，中国高等教育学会与江苏省教育厅将于2010年10月29日在南京共同举办以"教育理念创新与建设高等教育强国"为主题的高等教育国际论坛。

（五）项目结题阶段

1. 出台相关文件，确保结题质量

"遵循科学发展，建设高等教育强国"重大攻关项目经过6年多的研究，截至2014年6月，13个研究项目全部结题。在结题阶段，项目领导小组首先将第一个结题的"教育理念创新"研究项目作为结题试点，在北京召开了所有项目负责人参加的结题评审会。结题评审结束后，各研究项目围绕各自研究进展进行了汇报与交流研讨，这对于保证其他后续项目的结题质量发挥了重要作用。

在各研究项目的研究接近尾声之际，项目领导小组严把结题关，相继出台了结题相关文件，同时成立了由高等教育研究领域权威专家组成的三个评审专家组，负责各个研究项目的通讯评审及会议评审的结题工作。结题评审结束后，各研究项目组根据专家意见进一步修改和完善研究报告，并按照高等教育出版社的有关要求，在研究报告的基础上形成学术专著，为形成一套《建设高等教育强国系列论丛》做好出版的各项准备工作。

2. 圆满完成研究，达到预期目标

随着"遵循科学发展，建设高等教育强国"重大攻关项目各研究项目相继结题，历时6年的高等教育强国重大攻关项目的研究进入了总项目结题阶段。这标志着在各级领导和全国各级各类高等教育研究机构，以及广大专家、学者的积极参与和共同努力下，在社会各界的热切关注和大力支持下，高等教育强国重大攻关项目的研究圆满完成了开题时所确定的研究任务，也意味着高等教育强国重大研究项目下一个阶段的研究即将展开。项目研究不仅回答了"为什么要建设高等教育强国""什么是高等教育强国""怎样建设高等教育强国"等一系列命题，而且在一些理论问题上取得了重大突破和进展，为建设高等教育强国奠定了坚实的理论基础。

一是客观地回答了为什么要建设高等教育强国问题。陈至立同志在教育部直属高校工作咨询委员会第十八次全体会议上的讲话中曾指出：建设高等教育强国是走中国特色新型工业化道路、加快我国现代化建设的必然要求，建设高等教育强国是落实人才强国战略、增强我国综合国力和国际竞争力的必然要求，建设高等教育强国是增强自主创新能力、建设创新型国家的必然要求，建设高等教育强国是建设社会主义先进文化、推动文化大发展大繁荣的必然要求，对于我们科学认识建设高等教育强国的战略意义，具有十分重要的指导作用。项目研究组以此为基础，进一步从政治生态文明、民族崛起的视角，从科技、文化、社会建设的视角，从高等教育自身发展与国际比较的视角，比较全面系统地论述了建设高等教育强国的意义与使命，回答了建设高等教育强国的必要性和重要性，为总项目的研究奠定了基础。

二是辩证地分析了什么是高等教育强国。研究认为，高等教育强国是具有世界先进水平、中国特色社会主义和现代化的高等教育体系。这个体系是以世界先进水平、中国特色社会主义和现代化为基本要素。所谓世界先进水平，反映的是高等教育的国际属性，反映矛盾的普遍性。所谓中国特色的社会主义，主要是反映高等教育的政治属性，反映了矛盾的特殊性。现代化反映的是高等教育的发展属性，反映的是矛盾的发展性。高等教育强国具有三个主要特征：一是从结构视野看，高等教育强国表现在拥有若干所世界一流大学与一批世界一流学科，拥有相当大的高等教育规模和相当高的高等教育普及率。高等教育的整体质量处于世界领先地位，具有多样化、多层次、多类型、布局结构合理、开放的高等教育体系。二是从功能视野看，高等教育强国的高等教育已经与社会各个子系统形成了功能耦合系统，能够全面适应经济社会发展的需要，是世界知识创新、科技创新和高等教育创新的集散地。三是从历史的视野看，经济强国与高等教育强国是相伴而生、共生共荣的相互依存的关系。这种双强互动已经成为经济强国与高等教育强国一个最显著的特征。高等教育强国的基本要素：高等教育强国是以"世界先进水平""中国特色社会主义"和"现代化"为基本要素。"世界先进水平"反映高等教育的国际属性，反映矛盾的普遍性；"中国特色社会主义"反映高等教育的政治属性，反映矛盾的特殊性；"现代化"反映高等教育的发展属性，反映矛盾的发展性。

三是科学地论证了怎样建设高等教育强国。采取什么样的高等教育实践来建设高等教育强国，是一个比较复杂的高等教育选择问题。项目科学地论证了高等教育强国建设的九大路径。

路径之一：创新教育理念。项目梳理了百年来中国高等教育理念流变，考察了百年来中国大学的教育理念，在总结世界发达国家一流大学教育理念的传承和创新的基础上，对创新中国高等教育强国的理念进行了有益探索。

路径之二：改革体制机制。通过比较研究，提出大学自治与自主办学、教师权力与学术自由、民主管理与社会参与是高等教育强国体制机制的一个共同特征。在分析我国高等教育体制机制改革历程的基础上，对高等教育强国的管理体制、办学体制、经费投入体制、现代大学制度等八个方面的改革做了比较系统的论述，并且提出了相应的改革政策建议。

路径之三：优化高等教育结构。研究表明，量的飞跃引起了高等教育结构的深刻变革；问题与矛盾凸显，严重影响着我国高等教育系统的效益和效率。在分析高等教育结构变化与整个经济社会发展以及高等教育结构要素内部协调的相互关系与规律的基础上，提出了坚持动态调整、全面系统、内外适应、超前发展四项原则，建立了政府主导、市场参与、高校为主体的优化调整模式。

路径之四：提升国际水平。在对现实境遇下高等教育对外开放的内涵进行深入解读，在论证扩大高等教育对外开放和建设高等教育强国之间关系的基础上，针对对外开放中存在的高层次人才流失严重、合作办学质量问题突出、对外开放地区校际差距大等问题，提出了相应的对策建议。

路径之五：提升高等教育质量和水平。在理论研究和大量问卷调查的基础上，构建了我国高等教育水平评价指标体系，提出了我国高等教育质量与水平提升的政策建议。

路径之六：建立高水平大学。项目论证了建设世界一流大学与高水平大学在高等教育强国中的重要地位和作用，同时，在分析我国高水平大学建设的现状以及国际比较研究的基础上，制定了世界高水平大学评价指标体系，从发展目标、学科建设及法律制度等方面，提出了相应的政策建议。项目强调，建设高等教育强调，在建设高水平大学的同时，必须做强省级及区域高等教育与各级各类教育。做强省级及区域高等教育、做强地方本科院校和高等职业技术教育，是建设高等教育强国的必然路径。

路径之七：做强省级与区域高等教育。做强省一级高等教育，要树立高等教育区域发展新理念，以中央和省级政府为主导，制定高等教育区域发展规划，构建与高等教育区域发展相适应的现代高等教育体系。

路径之八：做强地方本科院校。研究指出，做强地方本科院校应以区域或行业为主导，以专业为主线，以应用为主体，以教学为中心，以实践为载体，立足行业，服务社会。

路径之九：做强高等职业技术教育。项目从理论、实践及展望三个方面，对做强高等职业技术教育进行全面、系统、深入研究，构建了高等职业技术教育可持续发展的理论模型，提出了高等职业技术教育结构的多向优化策略等政策建议。

上述"九大路径"在建设高等教育强国的过程中是一个有机整体，彼此之间是相互联系、相辅相成的。教育理念创新是先导，体制机制改革是制度保障，优化结构是全面适应社会发展需要的基础性条件，扩大开放是国际化的前提，提升质量水平是核心，建设高水平大学和世界一流大学是重要标志，做强省级及区域高等教育与各级各类教育是重要组成部分。

四是系统描绘了建设高等教育强国的路线图。项目研究认为，建设高等教育强国，是全面建设小康社会、实现中华民族伟大复兴的必然要求。这是一项艰巨的历史任务，需要我们从现在起明确目标，不懈努力，在高等教育规模、高等教育投入、高等教育对外开放以及高等教育成就、质量、创新等方面有所突破和发展，加快迈向高等教育强国的步伐。建设高等教育强国，要经历"三步走"的发展阶段。

第一步（2010—2020年），是改革开放期。即通过十年努力，到2020年缩短与高等教育强国的差距，在某些指标上接近或达到世界先进水平。

第二步（2021—2035年），是关键发展期。即再通过15年的努力，到2035年使我国高等教育水平得到大幅度提升，高等教育基本指标达到或者接近高等教育强国的目标。

第三步（2036—2050年），是巩固提高期。即再用15年，到2050年也就是新中国成立一百周年的时候，各项指标都要达到甚至超过高等教育强国的标准，使我国跨入高等教育强国的行列，实现我国高等教育强国的中国梦。

3. 持续举办国际论坛，扩大成果影响力

2010年10月29—31日，中国高等教育学会和江苏省教育厅联合举办了"教育理念创新与建设高等教育强国"高等教育国际论坛；2011年10月22—24日，中国高等教育学会和重庆市人民政府联合举办了"教育质量提升与建设高等教育强国"高等教育国际论坛；2012年8月25—26日，中国高等教育学会主办、国家教育行政学院承办、高等教育出版社联合举办了"文化传承创新与建设高等教育强国"高等教育国际论坛；2013年11月1—3日，中国高等教育学会与宁波市教育局联合举办了高等教育国际论坛。

4. 研究成果丰硕，产生重大社会影响

在 6 年多的研究过程中，项目研究取得了一批有重要价值的学术研究成果。项目领导小组编辑印发了 14 期《学术活动专刊》，呈交给教育部有关领导与部里有关司局，并发至各研究项目组参考。由高等教育出版社出版发行了专著《建设高等教育强国文集（一）》《建设高等教育强国文集（二）》《建设高等教育强国文集（三）》。

项目研究报告提出了一系列政策建议，对政府决策部门有重要的参考价值，其中有些建议已被有关部门采纳。张德祥教授主持了《国家中长期教育改革和发展规划纲要（2010—2020 年）》"高等教育发展战略研究"政策研究工作，在专项政策建议"关于加大高等教育管理体制改革和结构布局调整力度的建议""高等学校人才培养质量的政策建议"中，多次采用了本项目的研究数据与基本结论。邬大光教授参与了《国家中长期教育改革和发展规划纲要（2010—2020 年）》的起草工作，将本项目的研究成果作为制定国家未来政策的重要参考，使高等教育研究与现实实践得到紧密结合。吴岩教授等《关于推进京津冀区域教育合作的建议报告》专送教育部、北京市委市政府主要领导，部分研究成果被采纳。潘懋元教授项目组的咨询报告获得教育部社科司 2010 年度优秀咨询报告。据项目办公室的粗略统计，项目组已在各类公开刊物上发表研究论文达 500 多篇，一些研究文章还被《新华文摘》《人大复印资料》等全文转载，引起了较好的学术反响。如，刘献君教授的《中国近现代高等教育理念的变迁及启示》、别敦荣教授的《柏林大学的发展历程、教育理念及其启示》、王建国教授的《建设高等

教育强国的若干思考》等 10 多篇论文被《新华文摘》全文转载。张德祥教授的《1998—2007 年中国高等教育结构发展变化的制度分析》、瞿振元教授《建设高等教育强国要成为国家意志和政府行为》等近百篇论文被人大复印资料全文转载。上述成果的发表和出版，在全社会引起强烈的反响，正如周远清同志在系列论丛赠书仪式上所讲：通过开展高等教育强国项目研究，在建设高等教育强国战略上大家取得了共识，都希望加快建设高等教育强国的步伐，可以说建设高等教育强国已经被全社会，尤其是高教界所接受。

5. 出版系列丛书，持续发挥成果影响力

在 13 个研究项目全部结题后，为了进一步推广宣传研究成果，项目领导小组正式启动"遵循科学发展，建设高等教育强国"系列研究成果编纂出版工作。总论篇与其他 12 个项目的研究成果在研究报告的基础上形成学术专著，构成一套由总论与各个研究项目分论组成的"建设高等教育强国系列论丛"，由高等教育出版社陆续出版发行。出版系列丛书就是要推动运用这些研究成果科学地指导高等教育强国建设实践；就是要在高等教育强国建设的实践中不断检验这些研究成果，使之更加科学、更加完善；就是要不断丰富高等教育强国理论体系，发展高等教育强国建设理论，应对来自国际国内的各种新机遇、新挑战。

项目领导小组高度重视"建设高等教育强国系列论丛"出版工作，多次向陈至立同志汇报相关工作进展情况。陈至立同志对下一步工作开展提出了很好的建议。根据陈至立同志建议，经项目领导小组研究讨论，决定成立系列丛书编委会，主要成员如下：

顾　问：陈至立

主　任：周远清　瞿振元

副主任：谢桂华　赵书生

编委会办公室主任：高晓杰

编委会委员（按姓氏笔画）：

丁晓昌　王孙禺　王建国　卢铁城　邬大光　刘献君　吴　岩

张安富　张忠家　张德祥　李　进　李培根　闵维方　陈　希

陈学飞　胡建华　谢安邦　潘懋元　瞿振元

2014 年 6 月全部项目结题后已有 9 本由研究成果形成的专著送交高等教育出版社出版发行，2015 年高等教育国际论坛上举行了赠书仪式，2016 年相关研究成果获得教育部颁发的"全国教育科学研究优秀成果奖"一等奖。9 本专著情况如下：

著作一：《建设高等教育强国》

作者：建设高等教育强国发展战略研究课题组

著作二：《建设高等教育强国的意义与使命》

作者：瞿振元，王建国

著作三：《中国高等教育质量与水平研究》

作者：张安富，张忠家

著作四：《做强省域高等教育研究》

作者：丁晓昌

著作五：《高等教育强国梦——中国高等教育区域发展新论》

作者：吴岩

著作六：《教育理念创新与建设高等教育强国》

作者：刘献君，李培根

著作七：《做强地方本科院校的理论与实践研究》

作者：潘懋元，车如山

著作八：《中国高等教育结构及其优化研究》

作者：张德祥

著作九：《扩大对外开放，建设高等教育强国》

作者：卢铁城，谢安邦

需要特别提出的是，时任中国高等教育学会副会长、学术委员会主任蔡克勇同志生前为研究项目的总体设计倾注心力，为研究项目的顺利开展做出了突出的贡献，我们永远怀念他。还要特别感谢原辽宁教育研究院院长邓晓春研究员，他为研究项目的前期准备和研究设计做了大量的工作，为研究项目的开展打下了良好的基础。

6. 项目研究的溢出效应显著

重大攻关项目研究不仅产生了直接的研究成果，而且还产生了许多"副产品"，增加了研究的"附加值"。

一是统一了建设高等教育强国的思想。"遵循科学发展，建设高等教育强国"重大攻关项目的研究，不仅取得了上述一系列非常有价值的、前瞻性的研究成果，尤其重要的是，通过开展研究，统一了建设高等教育强国的思想，明确了我国高等教育的奋斗目标和发展方向。2010 年，建设高等教育强国被写入《国家中长期教育改革和发展规划纲要（2010—2020 年）》，建设高等教育强国已经上升为国家意志。

二是培养和锻炼了一批高等教育研究人员。"遵循科学发展，建设高等教育强国"重大攻关项目的研究，动员了全国的研究力量。从机构来看，有国家教育行政部门、地方政府高等教育研究机构、高等学校、科研院所；从组成人员来看，有知名学者、知名专家，以及大批博士和硕士。参加部门之多、人员之广，是高等教育研究中不多见的。通过参与重大项目的研究，培养和锻炼了一批高等教育研究人员。

三是提高了全国高等教育科学研究的水平。通过"遵循科学发展，建设高等教育强国"重大攻关项目的研究，进一步提高了全国高等教育科学研究的水平，为建设高等教育强国奠定了坚实的研究基础。

三、"遵循科学发展，建设高等教育强国" 研究的思考

在中国高等教育学会启动"遵循科学发展，建设高等教育强国"重大攻关项目研究之际，恰逢国家正在研究和制定《国家中长期教育改革和发展规划纲要（2010—2020年）》，确定未来教育改革的总体思路、重点领域和重点措施。如何从我国长远发展和全局发展的战略高度来审视高等教育的发展，是"遵循科学发展，建设高等教育强国"重大研究项目必须面对的问题。项目研究着力回答了"什么是高等教育强国、为什么要建设高等教育强国、现有基础能不能建设高等教育强国、怎样建设高等教育强国"等问题。经过6年多的研究，研究项目取得的成果，在理论与实践的结合上比较全面、系统、深入地回答了上述四个方面的重大问题。一方面，在一些重要的理论问题上提出了新的观点，取得了突破性的进展，这些理论对于开展高等教育强国建设具有重要的指导

意义。另一方面提出了建设高等教育强国的路径。同时，明确地绘制出三步走的路线图：即到 2020 年我国与其他高等教育强国的差距缩短，在某些指标上接近或达到世界先进水平；到 2035 年我国高等教育水平得到大幅度提升，高等教育基本指标达到或者接近高等教育强国的目标；到 2050 年也就是新中国成立一百周年的时候，各项指标都要达到甚至超过高等教育强国的标准，使我国跨入高等教育强国的行列，实现高等教育强国的中国梦。

在中央全面深化改革领导小组第 15 次会议上，审议通过了《统筹推进世界一流大学和一流学科建设总体方案》，由国务院正式印发。总体方案提出到本世纪中叶，一流大学和一流学科的数量和实力进入世界前列，基本建成高等教育强国。这说明建设高等教育强国，已从学术研究转化成为国家目标。这对项目组的专家学者等参与研究人员是一个极大鼓舞，令人振奋。在该方案中，对"统筹推进世界一流大学和一流学科建设，实现我国从高等教育大国到高等教育强国的历史性跨越"的总体要求、建设任务、改革任务、支持措施、组织实施五个方面都提出了明确目标与要求。如何全面理解并贯彻落实这五个方面的精神，加强高等教育强国的建设，是需要我们进行深入研究的重大现实问题，这既是高等教育研究者义不容辞的历史使命，也为在已经结题的"遵循科学发展，建设高等教育强国"项目研究基础上，深化建设高等教育强国研究提供了更加广阔的空间。建设高水平大学是"遵循科学发展，建设高等教育强国"重大攻关项目中的一个重要研究项目。站在新的历史起点上，面对新形势和新常态，如何按照《总体方案》的要求，建设有中国特色的世界一流大学，其特征、内涵、发展模式是什么等问题需要有更前瞻性的思考和研究。

世界一流学科是世界一流大学的基础，是高等教育强国核心标志之一，没有一流的学科就没有一流的大学。在建设世界一流学科的进程中，有关学科建设定位、学科建设目标、学科建设体系、学科建设结构布局、学科建设队伍等问题都有待进一步深入研究，如解决过去重点学科建设中存在身份固化、竞争缺失、重复交叉等问题，如何加强资源整合，创新实施方式等问题也都需要进一步审视和思考，这也是深化高等教育强国研究的重要内容。

高等教育科学研究是实现高等教育科学发展的前提和基础。没有高等教育科学研究，就不会有高等教育的科学发展，在实现《统筹推进世界一流大学和一流学科建设总体方案》目标的过程中，仍需要高水平的科学研究作为支撑。中国高等教育学会成功组织了"遵循科学发展建设高等教育强国"重大研究项目的研究工作，积累了宝贵的经验。随着经济社会的发展，随着高等教育的改革与发展，一些新情况和新问题会不断涌现，这就需要我们随着形势的不断发展，根据出现的新问题，进一步深化建设高等教育强国项目研究，为推动高等教育强国建设做出更大的贡献。今后学会还将一如既往地发挥全国群众性学术组织的桥梁和纽带作用，积极为全国高等教育研究搭建平台，围绕建设有中国特色的世界一流大学、一流学科等重大问题开展研究，积极推动高等教育科学研究成果转化，为我国高等教育发展提供一流的科研支撑。为加快建设高等教育强国、实现中华民族伟大复兴的中国梦做出新的更大的贡献！

高等教育强国研究：跨世纪的一次前瞻性大规模的高等教育科学研究

肖笑飞

一、吹响高等教育强国研究的号角

经过"八五"的发展，我国高等教育形成了一个比较完整的、切合中国实际的改革与发展思路，规模效益有较大提高，体制改革迈出了重要步伐，教学改革被提到重要日程，教学内容改革计划反响强烈，宏观教育研究有所加强。1996 年 1 月，在"九五"第一年，20 世纪最后一个五年规划来临之际，时任国家教委副主任周远清认真分析了当时高等教育改革与发展形势，在《中国教育报》发表《中国高等教育如何面对新世纪》一文，提出了"把一个什么样的高等教育带入 21 世纪"的命题，这可以看作是高等教育强国研究的重要源头。

1996 年 4 月在北京大学组织召开"21 世纪的中国高等教育"课题研讨会，探讨了课题的研究框架和研究方法。该课题是周远清继"建设有中国特色社会主义高等教育理论要点"课题结题后，又一次担任组长探索"建设什么样的和怎样建设社会主义高等教育"

的大型课题。该课题研究历时 3 年，先后有 200 多名研究人员参加，内容包括"国内外宏观背景""21 世纪初高等教育改革和发展趋势""21 世纪初中国高等教育发展的战略和结构布局""体制改革和运行机制""人才培养和教学改革""科技创新和社会服务""党的领导和党的建设"等部分。经全国教育科学规划领导小组组织专家鉴定，鉴定意见指出："本课题研究取得了丰硕的成果，它第一次在宏观层面上对世纪之初的中国高等教育进行了全方位、多视角、综合性的研究，对中国高等教育进行如此全面、系统、内容丰富、规模巨大的研究，这在国内高等教育研究中是迄今所仅见的。该项研究目的明确、指导思想正确、材料详细、方法得当、论证合理、获得了许多有开创意见的成果……这些研究成果及其所产生的社会影响和效益，在全国教育科研规划项目中是不多见的。可以说该项研究成果是中国高等教育研究最高水平的一个代表。"该课题既是对"把一个什么样的高等教育带入 21 世纪"命题的回应和探索，也可以看作是"高等教育强国"研究的一次前奏。

1998 年 5 月，江泽民同志在庆祝北京大学建校 100 周年大会上明确提出："为了实现现代化，我国要有若干所具有世界先进水平的一流大学。"1999 年 1 月，教育部印发《面向 21 世纪教育振兴行动计划》，指出"建设世界一流大学，具有重大战略意义，"并且正式立项启动了为建设世界一流大学和具有世界影响的高水平大学而实施的"985 工程"。

与此同时，20 世纪末的中国高等教育历经体制改革、教学改革以及思想观念的改革，发生了"翻天覆地"的变化。在新世纪即将来临之际，世界各国元首、教育家纷纷发表讲话，阐明教育在未来经济、社会发展中的地位、作用，制定振兴教育的宏伟计划。时任教育部副部长周远清从当时我国高等教育改革和发展的实践出发，联系未来高等教育发展趋势，在《教学与教材研究》（即现在的《中国大学教学》）上发表《强化"三个意识"建设高等教育强国》的文章，畅想了 21 世纪的中国高等教育，提出"强化国际意识、素质意识、改革意识，建设高等教育强国。"北京航空航天大学田贵平、赵婷婷撰文指出，周远清此文"最先提出了'建设高等教育强国'的倡议，自此开启了我国高等教育强国研究的历程。"《高等教育强国之路研究》一书中认为，周远清此文表明"'高等教育强国'是在世纪之交最先以发展设想而被提出来的，政府教育部门领导在这一过程中起到了重要推动作用，高等教育强国进入决策议程阶段。"北京大学施晓光教授认为，周远清此文"首次提出'高等教育强国'概念。"此后，周远清等老一辈教育家和高等教育学者在国际和国内不同场合反复阐释高等教育强国建设的意义和设想，积极呼吁推动高等教育强国的研究与建设。2000 年 1 月，周远清应香港教育委员会主席郑慕智先生邀请，出席在香港举办的"学校效能与改善"国际会议，以"把握时代发展脉搏，建设高等教育强国——世纪之交对中国高等教育改革与发展的思考"为题，在会议开幕式上发表演讲，再次发出建设高等教育强国的呼吁。

2003 年 7 月，周远清在《中国高教研究》上发表《建设高等教育强国——应对全面建设小康社会》，提出"建设高等教育强国"要从规模、质量、结构、效益、思想五个方面努力。

2003 年 10 月，中国高等教育学会成立 20 周年，举办以"加强教育科学研究，促进高等教育创新，建设高等教育强国"为主题的高等教育国际论坛。周远清在讲话中提出"没有先进的教育思想，就不可能有高水平的高等教育，就不可能使我们这样一个高等教育大国成为高等教育强国"，要充分发动群众，加强教育科学研究。

2006 年 5 月，厦门大学王洪才教授在《河南教育（高校版）》发表《高等教育从大国向强国转变的必然选择》一文，从高等教育发展面临观念障碍、体制障碍以及资源配置的非均衡性等方面论述了从高等教育大国向强国转变的必要性。

以"高等教育强国"为主题，以 2000 年 1 月 1 日至 2006 年 12 月 31 日为时间段，我们在中国知网进行高级检索，得到 47 篇相关论文（检索时间为 2024 年 2 月 20 日），其中 17 篇作者单位是中国高等教育学会，周远清发表了 15 篇相关论文。这一时期高等教育界积极呼吁，吹响了高等教育强国研究的号角。

二、奏响高等教育强国研究的强音

2007 年我国高等教育毛入学率 23%，高等教育各项改革都取得突破性进展，我国高等教育实现了大发展、大改革，已成为高等教育大国。2007 年 12 月，时任国务委员陈至立在教育部直属高校工作咨询委员会第十八次全体会议上做"认真学习贯彻党的十七大精神，以提高质量为核心加快从高等教育大国向高等教育强国迈进的步伐"专题讲话。她指出"建设高等教育强国战略目标的时机已经成熟",说明了建设高等教育强国的战略意义,强调了基本思路和战略重点,提出了"建设高等教育强国"的时代强音。会后教育部以文件(教直〔2008〕4号)的形式向全国教育战线印发了这次讲话,引起了很大的社会反响,首次把高教战线的思想由之前的"大"字统一到"强"字上来。

2008年1月,为总结改革开放30年的成就与经验,落实"以提高质量为核心加快从高等教育大国向高等教育强国迈进的步伐"讲话精神,持续推进高等教育强国研究,中国高等教育学会组织开展"遵循科学发展　建设高等教育强国"重大研究项目。该项目于2008年6月开题,开启了高等教育强国的政策研究工作。该项目还得到国家社科基金"十一五"规划2008年度教育学重点课题和教育部哲学社会科学重大课题攻关项目的大力支持并立项。时任全国人民代表大会常务委员会副委员长陈至立同志出任研究项目的总顾问,中国高等教育学会会长周远清任研究项目领导小组组长,设置了13个研究课题(见表1),共投入资金600多万元,子课题负责人近百名,研究人员1 500多名,参与研究的高校、机构150多个。一批全国高等教育领域的知名学者和一些教育行政工作者参与研究,项目汇聚了理论、实践和管理三路人马。课题历时6年多,出版"建设高等教育强国系列论丛"等著作,包括《建设高等教育强国》(建设高等教育强国发展战略研究课题组)、《建设高等教育强国的意义与使命》(瞿振元等)、《教育理念创新与建设高等教育强国》(刘献君等)、《中国高等教育结构及其优化研究》(张德祥等)、《中国高等教育质量与水平研究》(张安富等）、《扩大对外开放建设高等教育强国》（卢铁城等）、《做强地方本科院校的理论与实践研究》（潘懋元等）、《做强省域高等教育研究》（丁晓昌等）以及《高等教育强国梦——中国高等教育区域发展新论》（吴岩等），发表近千篇论文，对"什么是高等教育强国""为什么要建设高等教育强国""怎样建设高等教育强国"等一系列理论与实践命题展开了深入研究，取得了重大理论成果，产生了广泛社会影响，意味着高等教育强国研究实现了从呼吁到内涵、意义、路径研究的转向。

表1 "遵循科学发展，建设高等教育强国"立项课题表

研究课题名称	负责人
建设高等教育强国之一：总论篇	赵书生
建设高等教育强国之二：内涵与特征	邬大光
建设高等教育强国之三：意义与使命	瞿振元、王建国
建设高等教育强国之四：背景与条件	闵维方、陈学飞
建设高等教育强国之五：教育理念创新	李培根、刘献君
建设高等教育强国之六：体制与机制	胡建华
建设高等教育强国之七：优化结构	张德祥
建设高等教育强国之八：质量与水平	张安富、张忠家
建设高等教育强国之九：扩大开放	卢铁城、谢安邦
建设高等教育强国之十：建设高水平大学	陈希、王孙禺
建设高等教育强国之十一：做强地方本科院校	潘懋元
建设高等教育强国之十二：做强高等职业教育	李进、陈智
建设高等教育强国之十三：做强省一级高等教育	丁晓昌、吴岩

2009—2012年，中国高等教育学会连续四届紧紧围绕"高等教育强国"设计高等教育国际论坛主题，主题依次是"遵循科

学发展，建设高等教育强国""教育理论创新与建设高等教育强国""质量提升与建设高等教育强国""文化传承创新与建设高等教育强国"。周远清先后发表"建设高等教育强国是历史发展的必然——在 2009 年高等教育国际论坛上的讲话""提升教育科学研究的国际化水平，为建设高等教育强国贡献力量"等讲话。

2010 年 6 月，中共中央政治局召开会议，审议并通过《国家中长期教育改革和发展规划纲要（2010—2020 年）》（以下简称《纲要》），将高等教育强国作为高等教育发展的长远目标，并从提高质量、完善结构、创建一流大学、提高竞争力等角度进行了全面部署。这标志着建设高等教育强国已经从民间的讨论、学术界的研究变成政府行为，高等教育强国研究强音进一步奏响。

以"高等教育强国"为主题，以 2008 年 1 月 1 日至 2013 年 12 月 31 日为时间段，我们在中国知网进行高级检索，得到 852 篇相关论文（检索时间为 2024 年 2 月 20 日）。中国高等教育学会对高等教育强国研究的组织和引导，出现了一批高层次、高质量的课题，形成了系列重大理论成果，掀起了第一次高等教育强国研究的高潮。

三、开创高等教育强国研究的新篇章

随着"遵循科学发展，建设高等教育强国"研究取得进展，高等教育研究界认为要建设高等教育强国，需要在世界上发出有中国影响力的高等教育思想的声音，必须建设自己的、世界有影响的高等教育思想体系。与此同时，《纲要》提出到 2020 年教育要基本实现现代化，我国要由人力资源大国向人力资源强国转变。2013 年 9 月，"加快建设中国特色高等教育思想体系"课题正式被立为 2013 年度教育部哲学社会科学研究重大攻关项目。周远清为本课题的学术顾问，时任中国高等教育学会会长瞿振元为课题组组长。这一课题从酝酿、立项到开题、研究、结题，历时 5 年多，于 2017 年 4 月结题，包含 1 个总论、10 个分论、2 个专论，其中总论"中国特色高等教育思想体系举要"分为 10 个部分 60 条，简称"高教思想 60 条"。该课题掀起了第二次高等教育强国研究的高潮，意味着高等教育强国研究从内涵、意义、路径研究转向解释中国高等教育的丰富实践，初步形成中国特色的高等教育话语体系，发出中国高等教育的中国声音。

2015 年，国务院发布了《统筹推进世纪一流大学和一流学科建设总体方案》，提出："统筹推进世界一流大学和一流学科建设，实现我国从高等教育大国到高等教育强国的历史性跨越……到本世纪中叶，一流大学和一流学科的数量和实力进入世界前列，基本建成高等教育强国"。这标志着建设高等教育强国有了明确的规划，它是在《纲要》基础上的进一步部署，是对高等教育强国建设的系统落实。可以看出，高等教育强国这一概念逐步从一个学术探讨的概念转化为一个具有战略性实施的政策目标概念，这宣示了建设高等教育强国是我国现时代高等教育发展的最强音。

2016 年 3 月，周远清在《中国高教研究》发表《我的教育研究情愫——兼议建设高等教育研究强国》一文，从"建设有中国特色社会主义高等教育理论要点""20 世纪的中国高等教育""21

世纪的中国高等教育""遵循科学发展，建设高等教育强国"以及"加快建设中国特色高等教育思想体系"等课题研究系统梳理了高等教育强国研究历程，并再次号召加强建设高等教育科学研究强国之研究。

2016 年 7 月，中国高等教育学会承担国家社会科学基金"十三五"规划 2016 年度教育学重大招标课题"高等教育强国之路研究——高等教育强国的内涵、标准、实现路径和监测指标研究"，周远清任总顾问，瞿振元任总指导，时任中国高等教育学会副会长、秘书处秘书长康凯任组长，2019 年 12 月基本完成。2022 年 7 月，广东高等教育出版社出版该课题研究专著。

2020 年 6 月，周远清在《中国高教研究》发表《我的高等教育强国情缘》一文，系统梳理了高等教育强国研究的背景和必然性，发出"建设高等教育强国要升温、再升温、不断升温"之呼喊。

2020 年 8 月，周远清在潘懋元从教 85 年学术论坛上发表《我的呼吁》的讲话，从"做强我国高等教育科学研究，做高我国高等教育科学研究的水平，建设高等教育科学研究的强国"等两个方面，呼吁进一步加强高等教育强国研究。

以"高等教育强国"为主题，以 2013 年 1 月 1 日至 2020 年 12 月 31 日为时间段，我们在中国知网进行高级检索，得到 727 篇相关论文（检索时间为 2024 年 2 月 20 日）。中国高等教育学会对高等教育强国研究的呼吁、组织、引导，掀起了 2 次高等教育强国研究的高潮。2016 年立项的"高等教育强国之路研究"的结束，意味着高等教育强国研究初步完成了从实践到理论再到实践的一个研究历程。

高等教育强国研究二十年回眸

田贵平　赵婷婷

　　建成"高等教育强国"是几代中国人的强国梦想，它作为一个后发国家的战略目标极具实践意义上的中国特色，同样地，在学术领域，高等教育强国研究在某种程度上也为中国所独有，它在世界高等教育研究领域中也无不富有中国特色。随着"双一流"战略的推进，我国踏上了新时代建设高等教育强国的新征程，"我国高等教育正处于加快实现现代化、建设高等教育强国的关键时期"，我们有必要回答的问题包括过去高等教育强国研究经历了怎样的发展历程，它聚集了哪些主要研究力量，主要研究了哪些内容，哪些问题已得到解决，哪些问题有待进一步求索，高等教育强国的核心概念是什么，在"双一流"背景下的高等教育强国研究应向何处去等。回答上述问题，不仅仅是对高等教育强国研究的历史性总结，更是新时期高等教育强国研究的再出发。

一、研究发展脉络

根据文献计量分析、关键词突显分析及所研究的具体内容变化，我国高等教育强国的研究历程大致可以分为酝酿启动期、兴盛繁荣期和反思深化期三个阶段（见图 1）。

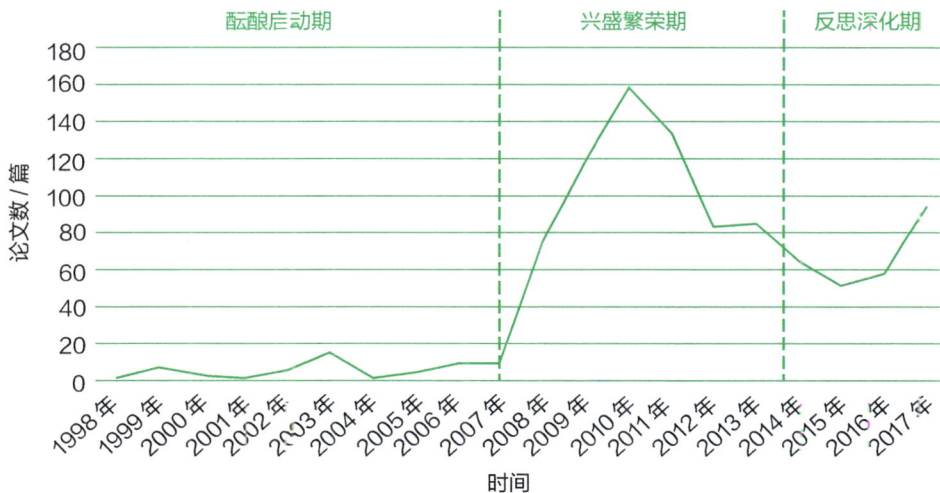

图 1　"高等教育强国"主题研究领域的文献规模变化情况

（一）第一阶段：酝酿启动期（1998—2007 年）

自 19 世纪末我国现代高等教育诞生至 20 世纪末以来，我国高等教育已走过整整一个世纪。面对新世纪的到来，1995 年时任国家教委副主任周远清提出了"把一个什么样的高等教育带入 21 世纪"的命题，并于 1999 年 8 月在《教材与教学研究》上发表了《强化"三个意识"建设高等教育强国》一文，最先提出了"建设高等教育强国"的倡议，自此开启了我国高等教育强国研究的历程。

本阶段高等教育强国研究主要有以下特点：第一，它作为一种实践指引目标被提出，凝聚人心的目标意义较强，但相关研究文献较少，一直处于低位发表状态。在这一时期，虽然我国高等教育取得了显著成就，但仍面临新世纪的诸多挑战，因而，对高等教育强国的研究也只能是对未来发展的初步设想和规划，很难具体深入下去。第二，提高教育质量成为建设高等教育强国的主要着力点。自1999年我国高等教育扩招以来，毛入学率在2002年首次达到15%并由此进入高等教育大众化阶段，高等学校本专科招生数从1998年的108.4万人骤增到2008年的607.7万人，以年均19%的增长率增长。高等教育的大幅扩招带来了教育质量下滑问题，学者呼吁质量是高等教育的生命线，提高质量是建设高等教育强国的重点。这一阶段的高等教育强国研究人员少，研究成果的系统性也不够，但建设高等教育强国作为战略目标一经提出，便得到很多有识之士的认可，并成为下一阶段研究蓬勃兴起的星火之源。

（二）第二阶段：兴盛繁荣期（2008—2014年）

2007年12月22日，国务委员陈至立在教育部直属高校工作咨询委员会第十八次全体会议上，提出了建设高等教育强国的意义、思想路线与战略重点等；2008年6月11日由中国高等教育学会组织的国家社会科学基金（教育学）重点课题、教育部哲学社会科学重大课题攻关项目"遵循科学发展，建设高等教育强国"正式开题，标志着高等教育强国研究进入了一个新的阶段。

这一时期的研究特点主要表现为：第一，研究内容系统、深入，针对高等教育强国的研究全面铺开。这一时期的研究内容围绕"什么是高等教育强国""为什么要建设高等教育强国"以及"如何建设高等教育强国"等一系列命题展开，研究内容更加广泛、深入、系统，以前述教育部哲学社会科学重大课题为例，就包含 13 个子课题，对高等教育强国进行了全方位的研究。第二，高等教育强国成为这一时期高等教育研究领域的热点（见图 2）。自 2009 年至 2011 年，"建设高等教育强国"连续四年作为中国高等教育学会主办的高等教育国际论坛的主题，在全国高等教育理论界和实践界产生了重大影响，成为这一时期的研究热点，产出了丰硕的研究成果，公开发表论文数激增，每年公开发表的论文数量在百篇以上，并在 2016 年 4 月正式出版了"建设高等教育强国系列论丛"。第三，形成了高等教育强国研究队伍，影响广泛。以重大项目为牵引，高等教育强国研究凝聚了包括约 150 余所高校、机构，1 500 余名来自教育行政机关、高校管理部门和专职研究部门的人员，形成了

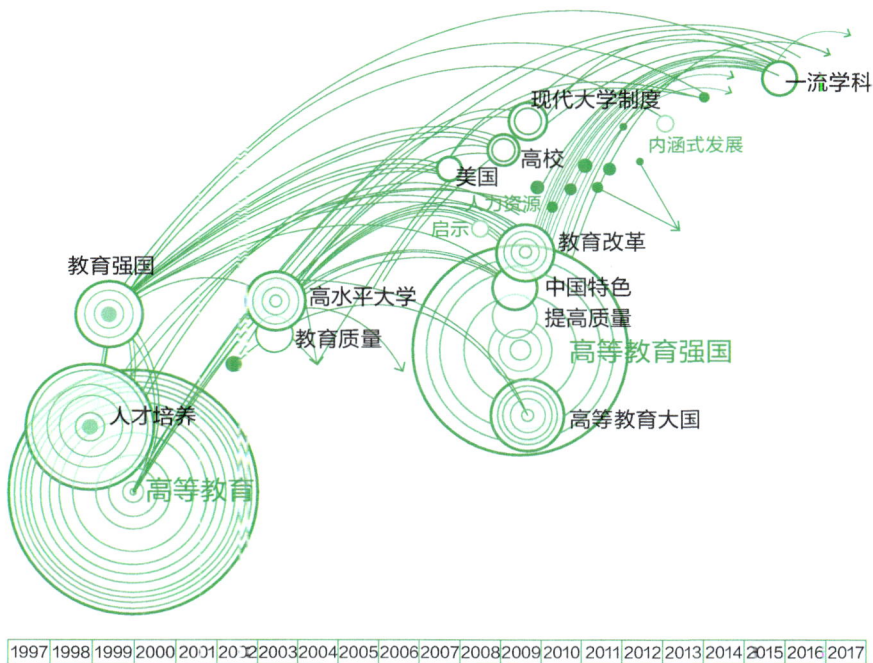

图 2　'高等教育强国'主题研究领域前沿时区

规模庞大的由理论工作者和实践工作者共同参与的研究队伍，为研究提供了多种视角、多种方法和多个实践领域。截至 2014 年 6 月，随着重大项目中的 13 个子课题全部结题，高等教育强国研究开始迈入下一个阶段。

（三）第三阶段：反思深化期（2015 年至今）

2015 年 10 月 24 日，国务院发布的《统筹推进世界一流大学和一流学科建设总体方案》指出，到 21 世纪中叶，一流大学和一流学科的数量和实力进入世界前列，基本建成高等教育强国。这标志着建设高等教育强国作为国家战略有了明确的路线图和时间表。

这一阶段的研究主要有以下特点：第一，梳理和总结前期研究成果。周远清、谢桂华、陈浩、胡建华、丁晓昌等学者回顾了"遵循科学发展，建设高等教育强国"重大项目实施情况，它是中国高等教育学会组织全国高等教育研究力量进行高等教育强国研究的成功实践，并使高等教育强国战略得到了全社会的认同。第二，"双一流"建设及其与高等教育强国之间的关系成为这一时期的主要研究内容。有学者指出，"双一流"是建设高等教育强国的内在需求和主要任务之一，高等教育强国是"双一流"建设的最终目的。第三，新时代高等教育强国建设路径研究。进入新时代，中国高等教育事业站在了新的历史起点上，十九大报告强调，建设教育强国是中华民族伟大复兴的基础工程，开启了我国建设高等教育强国的新的伟大征程。为此，学者提出要打好"提高质量""促进公平""深化改革"三大攻坚战，转变高等教育发展方式，增强中国在全球教育治理体系中的制度性话语权等多种路径。从文献规模可以看出，在国家出台"双一流"建设方案后，有关高等教育强国的研究成果呈现重新上升的趋势。

二、主要研究力量

自 1998 年以来，我国"高等教育强国"主题研究领域先后集聚了一批研究学者，随着这些学者在该领域的研究日渐活跃，高等教育强国研究逐步深入。本文将从量（累计发文量）和质（被引情况）两个角度对该领域的主要研究者进行梳理分析。

从量的角度着眼，本文基于中国学术期刊数据库 CNKI 中的 1 080 条有效文献信息，运用文献题录信息分析软件（SATI3.1）展开"高等教育强国"主题研究领域的作者与研究机构发文量和学术期刊载文量统计，同时，还将运用 CiteSpace.v 5.1 绘制相关知识图谱。

分析结果表明，"高等教育强国"主题研究领域自 1998 年以来集聚了一批较为活跃的研究学者，且 2006 年至 2010 年间该类研究者数量呈现显著增长态势。其中，周远清是该领域最高产的作者，其发文量（39 篇）远高于其他学者，是图谱中的显著节点，网络中心度为 0.71；另外，刘祖良、马陆亭、刘献君、刘国瑜、瞿振元等人也是该研究领域比较活跃的研究者，他们在该领域的发文量较多（见图 3）。值得注意的是，在我国"高等教育强国"主题研究领域中比较活跃的研究机构有中国高等教育学会、华中科技大学教育科学研究院、厦门大学教育研究院等单位；同时，《中国高教研究》等学术期刊是刊载高等教育强国学术研究成果的主阵地，它们积极推动了该领域研究的传播与交流（见表1）。

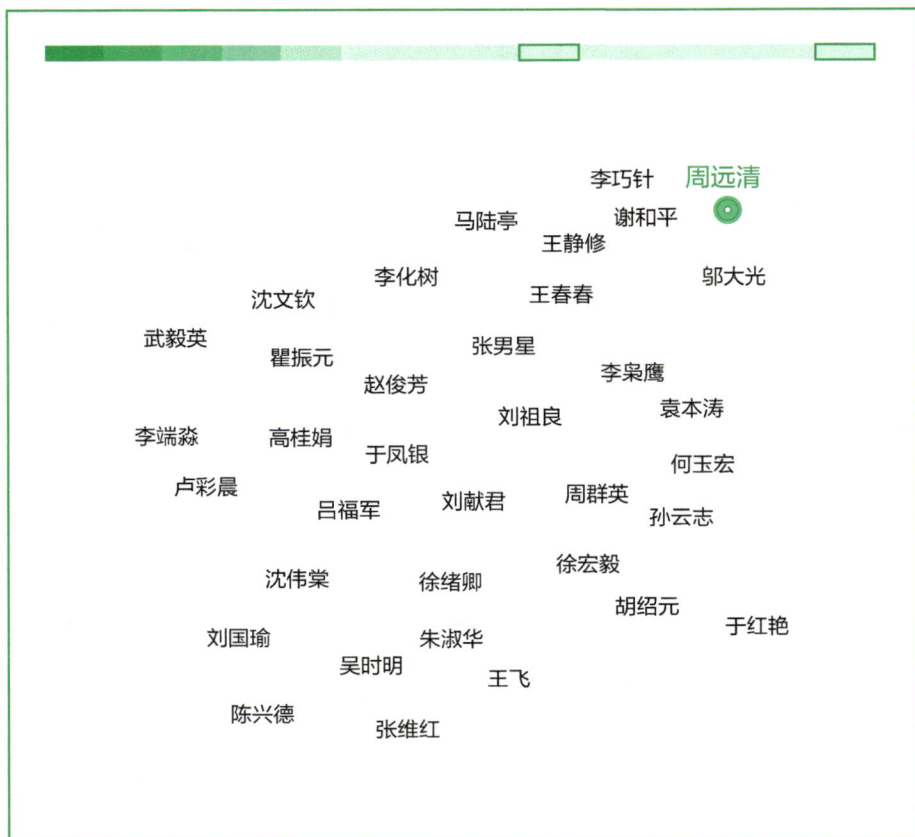

图 3 "高等教育强国"主题研究领域发文作者可视化图谱

表 1 "高等教育强国"主题研究领域的发文量／载文量排名前 5 位的研究机构和主要期刊

排序	研究机构	发文量	期刊	载文量
1	中国高等教育学会	31	《中国高教研究》	93
2	厦门大学	27	《中国高等教育》	92
3	华中科技大学	23	《国家教育行政学院学报》	28
4	武汉理工大学	13	《高等教育研究》	21
5	南京师范大学	11	《黑龙江高教研究》	19

从质的角度着眼，对某一研究领域的被引作者展开分析能够在一定程度上揭示该领域研究者的影响力。本文基于 CiteSpace 软件，对中文社会科学引文索引 CSSCI 收录的 119 篇以"高等教育强国"为主题的论文进行了文献共被引分析。119 条 CSSCI 有效文献信息共生成了 649 条引文信息，分析结果显示了在"高等教育强国"主题研究领域中具有显著影响的标志性文献（见表 2）。

表 2 "高等教育强国"主题研究领域论文共被引文献

共被引频数	网络中心度	作者	年份	题目	文献来源
5	0	邬大光	2010	高等教育强国的内涵、本质与基本特征	《中国高教研究》
4	0	周光礼	2010	走向高等教育强国——发达国家教育理念的传承与创新	《高等工程教育研究》
2	0.29	陈廷柱	2009	阿特巴赫教授谈中国建设高等教育强国	《大学教育科学》
2	0	邬大光	2008	建设高等教育强国的战略意义	《教育发展研究》
1	0	吴岩	2009	高等教育强国——中国教育的新使命	《北京教育（高教版）》
1	0	张滇黔	2009	建设"高等教育强国"战略的尝试性思考	《新学术》
2	0	周济	2007	以服务为宗旨，在贡献中发展——论坚定不移地走产学研结合道路	《中国高等教育》
1	0	周济	2006	注重培养创新人才，增强高水平大学创新能力	《中国高等教育》

注：与 CNKI 不同，CSSCI 具有引文处理功能，并且具有较高的影响力，因此本文运用 CiteSpace 软件对 CSSCI 数据库中的引文做文献共被引分析；由于 CSSCI 收录的文献仅是文献总库的极少部分，因此被引频次统计结果只是总体引用情况的一部分。

表中，陈廷柱是我国"高等教育强国"主题研究领域中具有突出影响力的研究学者，2009 年其发表的成果在共被引网络中心度为 0.29，该文从国外知名学者的视角回答了构建高等教育强国的标准、中国需要面临的挑战等问题，总结了美国高等教育发展的经验教训，这对我国建设高等教育强国的实践具有启发意义。周光礼在 2010 年发表的成果中，从理念层面梳理了西方高等教育体系和教育传统，尝试在借鉴发达国家教育理念的基础上，探讨我国建设高等教育强国的实现路径，为我国高等教育理念创新提供了历史借鉴，引起了研究界的高度关注，他是该领域比较有影响力的研究者。邬大光在 2008 年和 2010 年先后发表文章，从高等教育强国的战略意义出发，全面探讨了高等教育强国的基本理论以及建设高等教育强国的路径和实施策略等问题，为该领域后续研究奠定了重要的理论基础，他是我国较早致力于高等教育强国理论研究，且具有一定影响力的学者。最后，周济、吴岩、张滇黔等人先后发表论文，对高等教育强国战略的必要性、可行性以及目标和动力机制等问题进行了政策研究，对推动高等教育强国研究起到了重要作用。

三、主要研究内容

近二十年有关高等教育强国的研究主要包括高等教育理念、现代大学制度、高等教育结构、高等教育质量、高等教育国际化、国外发展经验 6 个方面的内容。

（一）高等教育理念

创新教育理念是建设高等教育强国的首要任务。有关高等教育理念的研究可以分为国家层面、高校层面和个人层面。其中，国家层面的高等教育理念是学者研究的重点，研究者认为，国家高等教育理念创新是孕育世界高等教育强国的根本动力，它可以从根本上解决制约我国高等教育发展的观念性障碍；发达国家走向高等教育强国在很大程度上得益于教育理念的创新。对于如何创新国家高等教育理念，有周光礼提出的"中西融合式"、刘献君的"内容转换式"等策略。此外，"中国特色高等教育思想体系研究"课题组对中国高等教育改革发展的实践成果进行了系统总结，形成了"高教思想60条"，勾勒出中国特色高等教育思想体系的基础框架。在高校层面，高校也应形成与建设高等教育强国相适应的核心理念，从文化、价值、目标、使命与愿景等方面进行建构，创设与中国特色高等教育强国相适应的大学理念体系。

（二）现代大学制度

学者从制度保障的视角说明现代大学制度对建设高等教育强国的重要意义。王洪才从建设高等教育强国的应然状态及理论演绎出发，提出建设高等教育强国意味着高等教育正向功能的发挥，唯有现代大学制度才能调节好政府与大学的关系、尊重其学术特性、重构大学间的关系，进而维护高等教育的功能实现。高桂娟从我国高等教育存在的问题与原因分析出发，认为建设高等教育强国的核心在于提高质量，目前我国高等教育质量不高的根本性原因在于责权利不明，而要理顺责权利之间的关系，就需要推进大学制度改革。

也有学者从某一方面说明现代大学制度在建设高等教育强国中的作用。黄明东、冯惠敏在对德、美、英三国学术自由制度的历史进行比较后，表明学术自由制度对建设高等教育强国具有重要意义。朱家德通过梳理意大利、英国、法国、德国和美国的学术组织结构变革，发现学术组织创新是一国成为高等教育强国的关键所在。

（三）高等教育结构

完善高等教育结构是建设高等教育强国的重要方面。要完善区域结构，既要做强省域高等教育，也要打破省级行政界限，建设高等教育区域中心，形成与国家主体功能区战略相适应的区域发展新格局，促进高教系统与经济社会系统协同发展，推动高等教育强国建设。与此同时，建设高等教育强国就是要建立世界一流的现代高等教育体系，推进研究型高校与教学型高校、高等职业技术院校的协调发展，它既要求发展高水平大学，培养拔尖创新人才，也要做强占绝大多数的地方本科院校，造就大批应用型人才。

（四）高等教育质量

提高质量和水平是建设高等教育强国的根本要求，高等教育强国战略是以高质量与高水平的高等教育支撑强盛国家建设的发展战略。学者们普遍认为，高等教育质量是一个复杂多维的概念，因此，他们从不同角度说明在建设高等教育强国过程中，提高高等教育质量的路径。张安富、刘智运从层次角度，将质量分为宏观、中观、微观三层，宏观高等教育质量是国家高等教育系统适应并促进全社会政治、经济等多元主体需要与发展的程度；中观高等教育质量是各层次、各类型高等学校的教育质量；微观高等教育质量是高校内部的教学质量、科研质量和社会服务质量。刘智运提出建设高等教育强国要树立"三级水平观"和"全面质量观"。高桂娟从高等教育质量的时代特征出发，将质量分为外适性与内适性两种取向，优质卓越的内适性质量是高等教育强国的现实要求。

（五）高等教育国际化

推进高等教育国际化是高等教育强国研究的重要组成部分。阎光才等人从历史的角度说明国际化与高等教育强国之间的关系，国际化和开放性是高等教育活动的本质，高等教育开放与国家强大之间存在高度关联；中世纪大学诞生本身就带有国际化、开放性的原始特征。可以说，一部早期大学史就是学术迁移史。而要实现高等教育以及民族国家的崛起，主动开放并平等参与国际高等教育成为无可回避的选择。在此基础上，有学者提出，以研究型大学国际化、中外合作办学等方式实现我国高等教育强国的战略转型。

（六）国外发展经验

世界近现代高等教育中心经历了从意大利到英国、法国、德国、美国的四次转移，它们的高等教育强国经验引起了学者们的关注。英国作为老牌的高等教育强国，自进入普及化阶段以来就已取得显著成就，其状态数据表明，高等教育强国既是一个规模概念，也是一个质量范畴。法国特色的高等教育系统、中央集权的教育管理体制、以立法推动的教育改革推动法国高等教育走向巅峰。德国18世纪末的大学改革，促成了德国作为高等教育强国的崛起，其强国之路表明先进的理念是改革成果的关键。美国建设高等教育强国的经验受学者关注最多。有学者总结了美国高等教育由弱到强的发展历程，它具有明显的时代性、阶梯性与连续性；在此过程中，美国利用后发优势，坚持创新与超越，政府重视高等教育发展并积极作为，充分调动社会办学的积极性，强化质量建设，开展国际交流；此外，高校联盟、司法化运行、坚持多元化等也是美国成为高等教育强国的重要手段。除此之外，学者还总结了俄罗斯和日本建设高等教育强国的经验。俄罗斯通过实行部门所有制，采取超常规措施扩大规模，发展研究所教育，开创专业教育模式等举措也走上了高等教育强国之路。日本以立法推动高等教育改革，在大众化时期不同高等教育机构的分层分类发展模式是迈向高等教育强国的一条独特发展之路。

四、基本概念维度

在相关研究中，对高等教育强国的概念分析无疑是研究的核心。尽管有学者认为，"高等教育强国的概念在国际上基本没有出现……国际上没有一个什么是高等教育强国的概念"，但在近年来的研究中，我国学者对高等教育强国这一概念已达成一定共识。

总体来讲，高等教育强国是一个综合性的概念体系，在这一体系中，既可以将高等教育作为独立的系统来理解，指一个国家的高等教育水平较高；也可以将高等教育作为国家社会中的一个子系统来理解，指高等教育系统通过与其他系统互动而促进本国综合实力的提升。根据研究的不同侧重点，高等教育强国的概念可以分为高等教育自身发展、高等教育子系统与社会过程关系以及高等教育成果贡献三个维度。

（一）高等教育自身发展的维度

反映一个国家高等教育自身发展的各个维度是学者考察高等教育强国这一综合性概念的主要方式，而规模、质量、结构、效益、公平、理念等维度是高等教育强国内涵的主要特征。

首先，绝对规模能否作为衡量高等教育强国的标准存在一定争议。有学者同时强调绝对规模和相对规模，认为充足与适度的数量是高等教育强国的基础，规模既是绝对数量的扩张也是入学机会的扩大。然而也有学者提出，高等教育大国并非高等教育强国的必经阶段，绝对规模也不是高等教育强国的判定标准，二者没有绝对的先后顺序，高等教育强国绝对不是一个数量规模的概念。相对规模一般以高等教育毛入学率来测量，高等教育强国的毛入学率应达到普及化（50% 及以上）或大众化向普及化的过渡阶段。

其次，质量是高等教育强国的核心维度。从高等教育大国到高等教育强国的转变可以表征为一种以质量为核心的系统性跨越，高质量是其核心特征。然而，高等教育强国中的"质量"在学者眼中有较为宽泛的内涵，它是一个由宏观、中观和微观构成的质量体系，既包括国家高等教育系统的整体质量，也包括大学的水平和人才培养质量，还包括微观的教学质量。

最后，结构、效益、公平等也是高等教育强国内涵中的重要维度。其中，结构包括科类结构、类型结构、层次结构和地域结构等；

高等教育强国还需要体现效益，正如阿特巴赫所言"怎么投钱像投多少钱一样重要"；同时，高等教育强国也意味着高等教育机会的均等，公平正义是衡量一国是否为高等教育强国的重要内容。

（二）高等教育子系统与社会过程关系的维度

学者普遍认为，高等教育强国是一个与社会互动形成的过程性概念。高等教育强国是一个国家的高等教育系统逐渐强大的过程，同时也是一个国家的高等教育推动该国社会、经济、文化等各方面发展的过程。高等教育作为社会的一个子系统，需要与其他子系统形成功能耦合的关系，在不断满足社会需求的过程中使高等教育自身强大，实现与社会子系统的共生共长。因此，"一个国家是否已经成为高等教育强国永远是一个程度问题，也许我们更应该把高等教育强国看成是一个过程，而不是一种结果"。目前从过程维度来阐释高等教育强国的研究还不多，并且现存的研究较多地说明了系统之间"为什么要协调"，而对于"怎样进行协调"研究得尚不够充分。

（三）高等教育成果贡献的维度

如果说关系维度是侧重从过程方面来考察高等教育强国的含义，那么还有学者从高等教育对世界或社会的贡献维度来进一步说明其内涵。高等教育强国中的"强"，既有形容词的"强"，即在高等教育方面强大的国家，又有动词的"强"，而唯有为国家或世界发展、人类的进步做出卓越贡献，才能称为高等教育强国。"高等教育强国的最终判定标准取决于高等教育对社会发展和人的发展的'贡献率'上。"高等教育强国不只是"条件拥有"的概念，更是一个强调"对外输出"即对世界做出贡献的概念，它可以简化为一个国家的高等教育为人类文化生存环境的改善及人类生产和生活方式的改变做出的积极贡献。有学者将其描述得更为具体：高等教育强国是指一个国家的高等教育培养的人才、提供的科技成果和社会服务，能够基本独立自主地解决本国在经济、社会及科学技术发展中出现的重大理论和实践问题。所谓"基本"，主要是指对外国技术的依存度在 20% 以下。

五、未来研究展望

回顾二十年高等教育强国的研究历程，可谓气势恢宏、波澜壮阔，并且取得了丰硕的具有开创性、基础性、前瞻性的研究成果，其间涌现出了一批专注于高等教育强国研究的学者，体现了高等教育研究者的使命担当，这些都为后续研究开辟了道路。然而随着"双一流"建设方案的渐次推开，高等教育强国实践的不断发展，高等教育强国研究不仅有了进一步探索的空间，还需要重新出发，为新时代高等教育强国建设提供指导。

首先，研究视角需要进一步聚焦。诚然，建设高等教育强国应作为国家战略目标成为高等教育学者的强烈意愿和普遍共识，然而，在某种程度上高等教育强国研究的内容之间联系不太紧密，关键节点文献不够多。过去研究的关注点存在一定程度的偏移，即将研究重点过多地置于高等教育强国的某一特点上，而忽略了对高等教育强国本身的关注。因此，我们有必要在上一阶段研究的基础上，再一次聚焦高等教育强国的核心，挖掘更深层次的高等教育强国建设规律和理论阐释。

其次，探索要素之间的相互关系，构建高等教育强国标准框架。对于什么是高等教育强国，学者们基于不同的视角和出发点，站在不同的立场和角度对其进行归纳式、描述性的说明，容易导致对高等教育强国内涵及其判断标准的误解，将高等教育强国的内涵和标准简单地理解为发达国家高等教育特征的集合。然而高等教育强国的内涵及其标准并非各个要素、特征的简单积累和机械叠加，其关键在于筛选出哪些特征是判定高等教育强国"是或否"的实质性标准，在于厘清这些要素之间存在着怎样的有序关系。所以，一方面，未来的研究有必要抓住高等教育强国的核心要义（如高等教育竞争力）来对各种高等教育发展的特征去伪存真、去粗取精，从而避免无限制地吸纳、收录和总结；另一方面，我们有必要建立高等教育强国的标准框架，将高等教育强国的特征放在同一维度、同一层面作条分缕析的考察。因此，高等教育强国的标准框架可以尝试以层次、等级、主体为界限来划分，这样既能保证对不同国家进行的比较相对客观，又能结合中国的实际进行自洽调整。

再次，更加注重高等教育系统与社会系统之间的关系研究。无论是高等教育自身的维度还是贡献的维度，都是静态地考察国家高等教育在某一时间点呈现出的特征，而非对高等教育发展过程的动态考察。然而从过程关系维度研究高等教育强国，才能真正回答如何建设高等教育强国这一问题。唯有抓住高等教育系统与政府和社会的相互关系规律，充分理解高等教育系统与社会大系统中各子系统的协调过程，才能充分发挥国家高等教育政策的作用，为高等教育强国建设提供整体方案。

最后，加强"双一流"建设背景下的高等教育强国研究。正如众多学者所指出，"双一流"建设并非高等教育强国的全部内容；如何在政策执行中处理好高等教育强国建设与"双一流"建设的关系，最大限度地发挥"双一流"建设的引领作用，实现"双一流"建设与其他高等教育政策的有机协调，是一个迫切需要研究的问题。

（本文原载《高等教育研究》2018 年第 9 期）

中国本土情境中的"高等教育强国"概念探析

赵婷婷

　　从表面上看，"高等教育强国"这一概念并不难懂，无论是学者还是普通人都可对其论述一二。在中国，"高等教育强国"概念有其特定的产生和发展背景，最开始是学术界的提法，后来变成政策目标。与学术界很多"拿来"的概念不同，"高等教育强国"是完全从中国本土情境中生长出来的概念，西方高等教育研究中所使用的相近概念不具有这一概念所蕴含的本土意义。对中国人来说，"强国"这个词有超越字面的特殊涵义，它与几个世纪以来中华民族的"强国梦"紧密相连，因此"高等教育强国"也蕴含着很强的中国本土社会文化特征。但从另一个方面讲，"高等教育强国"又是一个具有国际意义的概念，因为"高等教育强国"是要在国际舞台经历实力较量检验的，集中体现为高等教育系统强大的国际竞争力、影响力、吸引力和辐射力。因此，对"高等教育强国"概念的剖析需要从其本土涵义出发，综合考虑现代高等教育的特点、发展趋势以及世界高等教育强国的发展经验。

　　近年来，"高等教育强国"这一概念频繁出现于各种重要的政府政策文件之中，建设高等教育强国已经成为中国高等教育未来相当长一段时间的奋斗目标。与此相应，学术界也展开了广泛的探讨。本文立足中国情境，力图从历史分析和概念结构分析两方面对"高等教育强国"概念及其内涵进行深入研究，以期对这一重要的中国本土高等教育概念有更加系统深入的理解。

一、概念的分析思路和框架

对概念的分析方法通常是对其本质属性进行界定。但在实践中我们发现，概念的本质属性并不能反映概念的全部。如果把概念比作桃子，本质属性就好比果核，但果核之外还有果肉包裹，这些果肉也应该看作是概念的一部分。这种对概念的分析方法就是概念结构分析法，提出这一分析方法的是美国学者戈茨（Gary Goertz）。他指出，"概念包含着对于词语所指对象或现象的理论分析和经验分析。一个好的概念会描绘出在其所指称对象之行为中非常重要的特征。"据此，戈茨提出了因果论、本体论和实在论相结合的概念观，"其本体论特征在于，这种观念集中探讨究竟是什么构成了现象；其因果论特征在于，这种观念确认本体属性会在因果假设、解释和机制中发挥关键性作用；其实在论特征在于，这一观念包括了对现象的经验分析。"戈茨概念结构分析法与以往相关研究最大的不同点在于，其"概念分析包括探知现象的构成特性"，也即包括对概念的经验分析。他认为，"只有概念、词语及其定义的纯粹语义分析，是永远不够的"，只有将本体论、因果论和实在论有机结合起来，才能从本质到经验全面地剖析一个概念的内涵。

戈茨的概念结构分析法对分析"高等教育强国"概念具有很重要的方法论价值。因为我们分析"高等教育强国"这一概念的目的，绝不仅仅在于其词语语义本身，甚至也不仅仅在于其本质属性等理论层面的内容，我们更希望从经验层面探知高等教育强国的构成特性，这样才能充分发挥其对实践的指导意义。有鉴于此，我们借鉴戈茨的概念三层次结构分析法，从本质层、维度层、指标层三个层面分析"高等教育强国"概念的内涵。具体来说，第一层次是本质层，戈茨称为基本层次（basic level），这一层次对概念进行理论分析，主要探讨此概念区别于其他概念的本质属性和特征；第二层次是维度层，戈茨称为第二层次（secondary level），这一层次从概念的理论分析向概念的经验分析过渡，主要探讨概念的构成维度，展现概念的多维度特征以及各维度之间的相互关系；第三层次是指标层，戈茨称为指标／数据层次（indicator/data level），这一层次对概念进行经验分析，实现概念的可操作化，通过从各维度中选取指标和数据来展示概念内涵。

社会科学的概念和自然科学的概念不同，后者所描述的现象更客观，而前者必然带有文化、民族、时空的烙印。因此，在分析社会科学概念时，既要抓住它适用广泛情景的那些本质特征，又要有助于表现它的时空性，以便能发挥它对真实情境的指导作用。戈茨从这一角度说明了概念结构在不同层次上的侧重点，他认为，"第二和基本层次基本上都强调跨越不同情景的共同特征……它们必须足够抽象以适应诸多情景。因而，正是在指标层次，概念结构必须考虑跨民族和时空的差异。"可见，概念的指标层实际上就是对概念进行可操作性定义，对其进行经验分析，将在本质层和维度层所抽象出的共同特征具体化。那么，如何展开指标层次的分析呢？这就需要对概念所赖以存在的环境进行分析。

正像前面所提到的那样，"高等教育强国"是在中国本土情境中生成并发展而来的概念，在国外的研究中没有与之意义完全相同的概念。国外研究中与其意义较为接近的概念主要有两类：一类是从衡量高等教育系统整体水平和实力的角度产生的提法，它们经常出现在各种评价或排名当中，如 2016 年英国高等教育咨询公司 QS（Quacquarelli Symonds）发布了一项高等教育系统实力排名（QS Higher Education System Strength Rankings），对一些国家和地区高等教育系统的综合实力进行评价；再比如世界经济论坛（World Economic Forum）发布的《全球竞争力报告》、瑞士洛桑国际管理发展学院（International Institute for Management Development）发布的《世界竞争力年鉴》等，它们从高等教育竞争力（competitiveness in higher education）的角度评价高等教育系统的整体水平。另一类是从教育全球化视角分析和审视世界高等教育整体格局而产生的一些概念、理论，它们大多由学者提出，如美国波士顿全球高等教育研究中心的哈泽尔科恩（Ellen Hazelkorn）提出了世界一流高等教育系统（World-class Higher Education System）的概念，美国学者阿特巴赫（Philip G. Altbach）提出了高等教育中心与边缘（Higher Education Centers and Peripheries）理论。这两类概念与"高等教育强国"这一概念有相同之处，如它们所指的对象都是整个国家的高等教育系统，而且这些系统都具有较强的综合实力或者较高的水平；但它们之间也存在差别，这不仅仅体现在词语用法上，更体现在分析和研究的视角上。无论是评价排名视角还是全球化视角，都是"第三方"视角，因此它们所用以分析问题的概念不具有"高等教育强国"这一概念所传达出的使命感和责任感。这就给我们提出了一些问题：为什么中国本土情境中会产生"高等教育强国"这一概念？它是如何产生的？它在中国有哪些特殊的涵义？我们认为，回答这些问题就是对"高等教育强国"这一概念的"灵魂和精神"的探寻。可以说，要分析"高等教育强国"这样具有丰富本土意义的概念，没有这一思考过程是无法把握其内涵实质的。综上所述，本文对"高等教育强国"这一概念的分析框架如图1所示。

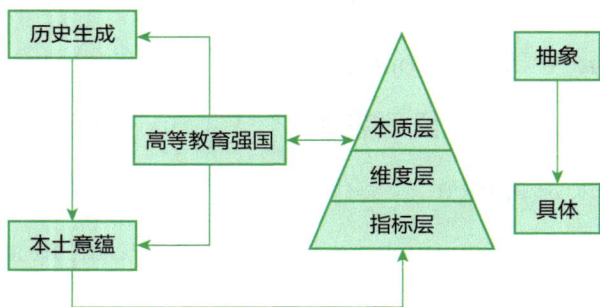

图 1 "高等教育强国"概念的分析框架

二、"高等教育强国"概念的历史生成

在 20 世纪的最后二三十年间，世界格局和发展形势发生了变化，从冷战时期以政治和意识形态之争为主渐渐转变为以科技和经济竞争为主。20 世纪 80 年代，西方有学者从世界经济增长方式变化的角度提出了知识经济概念，认为知识已经成为推动经济增长的

重要因素。1996 年世界经合组织在《以知识为基础的经济》的报告中，将知识经济定义为建立在知识的生产、分配和使用之上的经济。因此，在这一时期科技和教育在全世界范围内都受到前所未有的重视，我国也不例外。1995 年，当"九五"计划开始之时，中共中央、国务院颁布了《关于加速科学技术进步的决定》，首次提出在全国实施科教兴国战略。决定指出，要"坚持教育为本，把科技和教育摆在经济、社会发展的重要位置，增强国家的科技实力及向现实生产力转化的能力"，也就是要通过科技和教育的发展振兴国家。在这种背景之下，且正值世纪之交，时任教育部副部长周远清提出了"把一个什么样的高等教育带入 21 世纪"的问题。1998 年，教育部发布《面向 21 世纪教育振兴行动计划》，目的是"落实科教兴国战略，全国推进教育的改革和发展"。1999 年 8 月，周远清发表了题为《强化"三个意识"建设高等教育强国》的文章，正式提出了"高等教育强国"这一概念。

2002 年 11 月，党的十六大提出了全面建设小康社会的奋斗目标。这一奋斗目标对各个行业领域都提出了新的要求，如何落实这一目标，如何适应中国社会的未来发展，成为摆在每个行业面前的新课题。时任教育部部长陈至立对教育也提出了这样的要求，她认为"教育在十六大以后应该有个总体的战略设想"。于是，教育部组织专家撰写了一份咨询报告——《从人口大国迈向人力资源强国》，从人力资源开发的角度切入，提出了"人力资源强国"的概念，但实际上是要回答教育如何应对全面建设小康社会的问题。2003 年，已经担任中国高等教育学会会长的周远清发表了题为《建设高等教育强国——应对全面建设小康社会》的文章，从全面建设小康社会的目标出发，再一次论述了建设"高等教育强国"的思路和举措。他认为，"在全面建设小康社会的进程中应该继续实施科教兴国的战略，要科教奔小康。要达到全面建设小康社会中的三个'更'，即更高水平、更加全面、更加均衡，高等教育的发展具有更加重要的作用。"

2007 年 10 月，党的十七大在教育领域确立了"优先发展教育，建设人力资源强国"的总体方针和政策。2007 年 12 月，时任国务委员陈至立在教育部直属高校工作咨询委员会第 18 次全体会议上做了题为《认真贯彻党的十七大精神，以提高质量为核心，加快从高等教育大国向高等教育强国迈进的步伐》的报告，这是政府教育主管部门领导以官方身份第一次提出"高等教育强国"概念。她指出，"中国高等教育既站在一个新的历史起点，也正处在一个新的发展阶段。科学提出高等教育下一步发展方向和目标，是关系到我国高等教育持续健康发展的大问题。我同意会议代表们提出的有关以提高质量为核心、加快从高等教育大国向高等教育强国迈进步伐的一系列重要建议"。她认为，"发达的高等教育是人力资源强国的重要保障。贯彻落实党的十七大精神，建设人力资源强国，就必须建设高等教育强国。"这个讲话掀起了研究"高等教育强国"的热潮。有统计显示，自 2008 年开始我国关于"高等教育强国"的研究文献数量急剧增加；同时从 2008 年 6 月开始，中国高等教育学会依托教育部哲学社会科学重大攻关课题——"遵循科学发展，建设高等教育强国"，在全国大规模推进"高等教育强国"研究并吸纳了来自约 150 所院校和教育行政机关、高校管理部门、专职研究部门的 1 500 余名人员参加，参与人员之众、范围之广使得"高等教育强国"概念日益深入人心。

2010 年 7 月，《国家中长期教育改革和发展规划纲要（2010—2020 年）》（下文简称《纲要》）发布。《纲要》开篇即明确提出要建设"人力资源强国""教育强国"和"高等教育强国"，《纲要》还指出，"提高质量是高等教育发展的核心任务，是建设高等教育强国的基本要求。到 2020 年，高等教育结构更加合理，特色更加鲜明，人才培养、科学研究和社会服务整体水平全面提升，建成一批国际知名、有特色、高水平的高等学校，若干所大学达到或接近世界一流大学水平，高等教育国际竞争力显著增强。"《纲要》不仅把建设高等教育强国作为未来高等教育发展的战略目标，同时还明确了时间点和需要完成的任务，这表明"建设高等教育强国已经变成了政府行为。"在此之后，"高等教育强国"这一提法开始越来越多地出现在政府的文件和报告中。

2012 年 11 月，党的十八大确立了"坚定不移沿着中国特色社会主义道路前进，为全面建成小康社会而奋斗"的目标。同时，习近平总书记提出了"两个一百年"奋斗目标和中华民族伟大复兴的中国梦。对教育来说，这具有非常重要的指导意义，因为教育在中华民族复兴之路上一直扮演重要角色，未来也必将发挥更重要的作用。2015 年国务院发布了《统筹推进世界一流大学和一流学科建设总体方案》，主要任务是"加快建成一批世界一流大学和一流学科，提升我国高等教育综合实力和国际竞争力，为实现'两个一百年'奋斗目标和中华民族伟大复兴的中国梦提供有力支撑"，明确提出要"实现我国从高等教育大国到高等教育强国的历史性跨越"，"到本世纪中叶，一流大学和一流学科的数量和实力进入世界前列，基本建成高等教育强国。"可以看出，政府把"双一流"建设看成建设高等教育强国的重要路径，"高等教育强国"概念的政策目标性进一步凸显。自2016年开始，中国高等教育学会依托国家社科基金"十三五"规划教育学重大招标课题——"高等教育强国的内涵、标准、实现路径和监测指标研究"，在前期研究基础上，组织研究力量进一步推进高等教育强国的研究；同时，这一方向也成为学术界的持续研究热点，研究成果无论数量还是质量都在持续提升。

2017年10月，党的十九大提出我国未来发展的"总任务是实现社会主义现代化和中华民族伟大复兴，在全面建成小康社会的基础上，分两步走在本世纪中叶建成富强民主文明和谐美丽的社会主义现代化强国"，同时明确指出，"建设教育强国是中华民族伟大复兴的基础工程，必须把教育事业放在优先位置，深化教育改革，加快教育现代化，办好人民满意的教育。""建设教育强国"被写进了党的报告，这既体现了新时期党对教育工作的重视，同时更凸显了新时期国家发展中教育所承载的重大责任和殷切期望。2018年9月召开的全国教育大会以及2019年颁布的《中国教育现代化2035》，对如何建设教育强国进行了具体规划和部署，这些将成为理解"高等教育强国"概念的新背景和出发点。

三、"高等教育强国"概念的本土意蕴

自改革开放以来，在我国最早使用"强国"这个词的是体育界。体育界较其他领域更早走出国门，在世界舞台上与其他国家

同台竞技，为了彰显国家实力和树立国家形象，20 世纪 80 年代我国提出建设"体育强国"目标。到 20 世纪 90 年代，世界科技和经济竞争日益加剧，我国开始出现"科技强国""经济强国"等提法。21 世纪初，人们越来越发现在科技和经济竞争中人才是关键，"人才强国""人力资源强国"等提法因此应运而生。之后随着改革开放程度的加深，国内各领域建设都突飞猛进，与国外的交流合作也日益加深，于是一些发展较快、体量较大的行业开始思考做大之后如何做强的问题，"强国"提法逐渐增多，如"钢铁强国""医药强国""纺织强国""航空航天强国""贸易强国"等。可以看出，首先，自身发展是"强国"的基础，只有自身具备了一定实力，才会有"做强"的可能性；其次，存在差距是建设"强国"的动力，没有比较就没有强弱，国内各种"强国"提法大多是在改革开放过程中与其他国家同台竞争时被激发出来的，因为只有"做强"才能在国际竞争中占据主动地位。"高等教育强国"概念的提出也是如此。

首先，这一概念生成于改革开放以来我国高等教育所取得的成就。"高等教育强国"概念在世纪之交第一次被提出，是源于对"把一个什么样的高等教育带入 21 世纪"问题的思考。这一时期是我国高等教育发展承上启下的阶段，既承接了改革开放以来我国高等教育的重建与改革，又酝酿了后来的高等教育规模大扩张，这时提出"高等教育强国"概念，是在高等教育取得一定成绩基础上对未来发展走向思考后提出的设想和目标。但这一目标经过了一年才被写进《国家中长期教育改革和发展规划纲要（2010—2020年）》，从某种角度讲，正是因为有了这十年的发展，中国高等教育才成为名副其实的世界高等教育大国，才具有了建设高等教育强国的可能性。正如时任国务委员的陈至立第一次正式提出"高等教育强国"概念时所总结的那样，"我国的高等教育正站在一个新的历史起点上"，"高等教育的发展实现了历史性跨越"。因此，此时把建设"高等教育强国"作为今后高等教育发展的目标，是高等教育发展的必然要求，时机已经成熟。

其次，这一概念也生成于高等教育主动适应国家发展需要的自我选择和责任担当。从历史回顾中可以看出，"高等教育强国"概念的每一次发展变化，都是高等教育主动适应国家政策和社会发展变化的结果。20世纪90年代末这一概念第一次被提出，是在国家实施科教兴国战略背景下高等教育对自身发展的思考；概念第一次被写进政府的政策文件，是在建设人力资源强国背景下高等教育对未来发展方向的自我定位和自我激励。与西方高等教育传统不同，中国高等教育自产生之日起就担负着巨大的社会责任。如果说19世纪60年代建立新式学堂是清政府的无奈之举，经过一个多世纪的发展，当今中国高等教育对社会责任的担当则更多是主动选择而非被动适应。"高等教育强国"概念首先由高等教育界提出，有众多理论工作者和实践工作者参与研究，这就是高等教育自我选择和主动担当的有力体现。

最后，这一概念还生成于一个多世纪以来中华民族对教育强国的期望以及新时期我国政府对高等教育的重视。从"教育救国"到"教育强国"，教育在中华民族复兴之路上一直扮演着重要角色，也一直承载着人民的殷切期望。单靠教育无法救国，但教育可以强国：无论是中华人民共和国成立以来许多行业从无到有的建设，还是改革开放以来的飞速发展，都离不开我们自己学校所培养的人才。同时，对教育的重视也已经融入政府的各项政策和战略当中，从"科教兴国战略"到"优先发展教育"再到"建设教育强国"，都彰显了政府对教育的重视，对高等教育更是如此。我国政府已深刻认识到高等教育在科技和经济竞争、国家综合实力竞争、国家经济结构调整、国家创新能力提升等方面所能发挥的作用，因此"高等教育强国"概念才能从学术界的讨论发展为政府在高等教育领域的政策目标。应该说，对高等教育抱有巨大期望是我国以及一些后发型国家不同于西方发达国家的一个重要方面，后者的高等教育是在历史发展中自然生成的，尤其在其萌芽和生长时期较少受到外界的压力。但前者则不同，尤其在我国，高等教育自产生之日起就承载了民族复兴的重任，"强国"期望一直深藏于我国高等教育的基因当中。

"高等教育强国"概念对当今我国高等教育的发展发挥着三个方面的作用。第一，凝聚号召作用。"高等教育强国"概念一经提出即吸引了很多高教战线的学者对其进行研究，也引起了很多实践工作者的深刻思考。研究和思考的过程就是凝聚人心的过程，也是反思和展望的过程。2008年，中国高等教育学会依托相关课题推进"高等教育强国"研究，参与人员众多，影响广泛，充分展现了"高等教育强国"这一主题所具有的吸引力、凝聚力和号召力，建设高等教育强国无疑是每一位高等教育工作者的梦想。第二，目标导向作用。"高等教育强国"概念是对高等教育系统所应达到水平的描述，它本身就是一个目标。但当这一目标以政策形式确定下来以后，它就发挥出了对实践工作的导向作用，政府必将努力推进政策目标的实现，这是政策目标本身所具有的价值和作用。在《国家中长期教育改革和发展规划纲要（2010—2020年）》和《统筹推进世界一流大学和一流学科建设总体方案》中，政府都明确了建设高等教育强国的时间点和实施路径，充分显示了其目标导向的作用。第三，建构中国话语体系的作用。中华人民共和国高等教育经历了20世纪50年代学习苏联模式，改革开放以后学习欧美模式的发展过程。经过多年的实践探索，人们越来越认识到外来模式和经验无法完全适用于本土实际，因为它根植于发源国家的文化传统、教育观念和政治经济制度。另一方面，近年来我国高等教育取得的成绩令世界瞩目，所探索出的一些做法也开始被越来越多的国家效仿，如"985工程""双一流"建设等，现实的发展已经为我们提出了新课题：如何总结和提炼近年来我国高等教育实践的做法和经验；如何构建我国自己的高等教育话语体系，而不是简单套用西方高等教育理论。可以说，对"高等教育强国"这一本土概念和相关理论进行研究，就是建构中国高等教育话语体系的尝试和探索。正如美国学者阿特巴赫所说，"高等教育强国的判断标准还是一个新事物。中国高等教育强国的判断标准问题，应该由中国的学者来研究。"

四、"高等教育强国"概念的层次结构

本文对"高等教育强国"概念内涵的分析以前述概念结构分析方法为基础，因为即便抛开对这一概念生成的历史分析和对其本

土意义的探寻，其内涵也绝不是仅仅几句话所能概括的，正如有学者在分析近 20 年"高等教育强国"研究后所说的那样，"高等教育强国是一个综合性的概念体系"，如果说"高等教育大国"概念可以主要从规模和数量的角度理解，那么"高等教育强国"概念则复杂得多，需要从多角度和多层次对其进行分析。

1. 概念的本质层

在以往研究中，很多学者认为"高等教育强国"概念至少有两种涵义，一是指拥有强大高等教育的国家，二是指通过高等教育促使国家强大。这两种理解既是从语言分析视角对"强国"关键词的两种解读，也符合前述历史和本土意义的分析，前者是做强高等教育，是高等教育的自我选择和主动追求；后者指高等教育应在国家发展中发挥重要作用，是社会赋予高等教育的责任。无论哪种涵义，都是从国家层面来考察高等教育，因此"高等教育强国"所指的对象是整个国家的高等教育系统，而非高等教育的局部。瞿振元认为，"建设高等教育强国不仅要求建设若干所世界一流大学，更要建成一个完整而强大的高等教育体系。"谢维和也认为，"高等教育强国"不仅仅是拥有一些在国际排行榜中跻身前列的大学，更指高等教育系统所具有的"整体性优势"和"结构性优化"。因此，称得上"高等教育强国"的高等教育系统，应该是均衡发展、系统协调、结构优化、具有内在自洽性和外在适应性的高等教育系统，而非在某一方面一枝独秀。

强大的高等教育系统说到底是综合实力强，那么综合实力是什么，我认为主要有两点。第一，具有世界一流水平，展现出较强的竞争力和影响力。所谓强弱是比较之后的结果，而"高等教育强国"是国家高等教育系统实力的比较，是以国际舞台为背景的比较和竞争。国家高等教育的竞争实际上是知识生产和人才的竞争，高等教育实力强，知识生产能力就强，人才培养能力也强，国家整体科技水平和创新能力就会得到较大提升，国家发展也从中受益。高等教育对国家发展的促进作用是良性的、生态的和可持续的，而且价值无限，影响深远。虽然有学者曾提出高等教育是无国界的，因为知识无国界，人才无国界，但近年来国际上出现的科技封锁、资源抢夺、贸易战、经济战等各种争端已经表明，国家间基于利益的竞争依然是世界的主旋律，而不论科技竞争、经济竞争甚至军事竞争，都是国家创新能力的竞争，因而也是高等教育的竞争。所以"高等教育强国"首先必须具有世界一流水平的高等教育系统，在国际高等教育格局中具有较强的竞争力。其次，高等教育对个体和社会的影响是长远而深刻的，因为它能提升个体的整体素质和能力，传播知识和文化，改变人的思想观念，塑造社会价值。同时，它不仅对所在国家的人们和社会产生影响，也通过其他国家的学生和学者影响到他们所在的社会。从这一意义来说，高等教育是有效的思想和文化输出手段，而世界一流水平的高等教育系统在思想和文化输出以及对其他国家的影响方面也一定更强。

第二，具有本国特色，展现出较强的吸引力和辐射力。纵观世界高等教育强国，它们都具有鲜明的特色。比如美国高等教育系统多样化特征明显，具有成熟的市场调节机制；英国建立了协调古典高等教育传统与现代社会发展需求之间关系的制度体系；德国建立了与工业结构和职业体系相适应的高等教育和职业教育系统。深入分析不难发现，这些特色是所在国家政治、经济、文化合力塑造的结果，高等教育强国的特色就是其所在国家特点的缩影。尽管高等教育强国的特色与其所在国家情况紧密相关，可由于它们在高等教育领域所取得的成就，还是吸引了许多其他高等教育系统效仿其经验、做法和模式，比如 17—18 世纪很多国家效仿英国高等教育模式，19 世纪则效仿德国模式，到了 20 世纪又纷纷效仿美国模式，这充分体现了高等教育强国对其他国家高等教育的吸引力和辐射力。

当然，吸引力和辐射力的基础是竞争力和影响力，没有国际一流水平就无吸引力可言。但从另一个方面讲，没有特色也无法形成真正的竞争力和影响力，试想一个仅靠模仿别国经验的高等教育系统如何形成自身的竞争力？因此，具有世界一流水平和具有本国特色是高等教育强国不可分割的两个本质属性，是相辅相成、互为促进的，只有同时具备这两个特点的高等教育系统才能称为"高等教育强国"。

2. 概念的维度层

如果进一步剖析怎样的高等教育系统才算具有世界一流水平和本国特色，这时我们对概念的分析就来到了第二层次——维度层。维度分析的难点在于从何种视角划分这些维度。有学者指出，现有研究在分析"高等教育强国"概念方面主要有两个视角：一是高等教育自身逻辑的视角；二是高等教育作为社会子系统的视角。也有研究从高等教育所涉及的三个主要方面——人才培养、科学研究和社会服务——来划分维度，认为"高等教育强国的'内涵'大致可以概括为三个基本方面，一是高质量的人才培养；二是世界级的科学研究；三是卓越的全球影响力。"由此可以看出，对概念维度的研究目前尚无定论，现有结论各有侧重，也自成体系。

我们认为，既然"高等教育强国"所指对象首先是高等教育系统，那么维度层的分析自然也应以高等教育系统为对象展开。进一步说，判断是否"高等教育强国"，应对国家高等教育系统整体实力进行考察，而不应把视角局限在高等教育系统内部。因此，"高等教育强国"首先至少包括两个维度：一是自身发展的维度，二是作用于社会经济发展的维度。从自身发展的维度看，可以称得上"强国"的高等教育系统，自身一定具有较高的发展水平。而自身发展水平的高低，不仅表现在高等教育系统规模和数量的持续增长，经费和硬件的持续改善等方面，更体现在理念的不断更新，结构的不断优化，制度的不断完善和质量的不断提升。

从作用于社会经济发展的维度看，情况更为复杂，关键在于如何理解高等教育系统作用于社会经济发展。适应、满足、引领、促进等都可能是高等教育系统发挥的作用，但作为"强国"的高等教育系统到底应该对社会经济发展产生怎样的作用呢？我们认为，这种作用包括两方面：一是适应和满足社会发展需要，二是促进和引领社会发展需要。高等教育与社会发展的关系是高等教育学的基本理论问题，历来多有争论。争论的焦点概括起来一是怎样理解社会，是以国家为代表的现实社会，还是超越国家的整个人类社会；二是在两者的关系中如何体现高等教育自身逻辑。过于强调自身逻辑就会陷入"认识论"漩涡，而忽视自身逻辑又会步入"政治论"和"工具论"的泥潭。我们认为，对这一"两难问题"的把握首先要明确实然和应然、实践和理论、现实和理想之间的差别，从理论的角度提出的应然和理想，其作用在于指明方向；而从实践的角度分析实然和现实，是分析问题的基础和出发点。

对高等教育与社会发展的关系来说，自 20 世纪以来，随着高等教育在军事竞争、科技竞争、经济竞争中扮演越来越重要的角色，它已经不可避免地被卷入社会发展中，同时也被卷入国家竞争中，因为军事竞争、科技竞争等实际上也是国家利益竞争，高等教育参与了这些竞争，也就参与了国家竞争。如果说 19 世纪以前高等教育的国家性和民族性还未凸显，那么 20 世纪以来尤其是 20 世纪中叶以后，这已经成为高等教育的一个重要特征。当今任何一个国家，高等教育系统都是其重要组成部分，既需要来自公共财政的资金支持，又必须承担社会赋予的责任。因此，当高等教育所赖以存在的国家和社会对它提出要求时，高等教育必须满足这些要求，这是它作为国家和社会组成部分无法推卸的责任。当然，从高等教育自身逻辑出发，高等教育发展有时会与适应社会需求发生矛盾。我认为这一矛盾是发展中的矛盾，是双方博弈的过程，它和很多社会矛盾一样，必然通过双方的协商、改进、发展螺旋上升至新的协调或矛盾关系之中。从这个意义上说，满足需求是硬道理，如何满足需求则是发展中的现实问题。

当今社会的发展方式已经发生转变，传统的资源驱动发展模式已经被创新驱动发展模式所代替；而在社会各领域中，创新驱动力的源头只能是高等教育，这也是近年来高等教育在各个国家备受重视的主要原因。高等教育在知识创新、技术创新、文化创新等方面具有得天独厚的优势，所以应该发挥它在社会发展中的创新引领能力，以使社会发展不断步入更高水平。在发挥创新引领作用方面，高等教育自身逻辑将发挥更重要的作用，因为所谓创新就是在某些方面超越社会发展现实，突破现有观念和环境的束缚，而这需要给予高等教育一定的创新发展空间，以助其探索人类未知的领域。我认为，从这一角度强调高等教育自身发展逻辑对国家和社会的发展都是有益的。而且我们看到，在那些称得上"高等教育强国"的国家，高等教育之所以能够发挥创新引领作用，和这些国家在创新环境营造以及有利于创新的制度设计等方面的优势密切相关。也就是说，这些国家在环境和制度设计上较好地处理了高等教育满足社会需求作用与创新引领作用之间的关系，重在引导和激发出高等教育的创新能力，使其更好地发挥作用。

3. 概念的指标层

依据戈茨的观点，指标层的目的是实现概念的具体化和可操作化，展现概念的文化和时空差异。具体到"高等教育强国"概念，本文首先对各维度要素进行提炼，然后再描述其特征，进而组成"高等教育强国"概念内涵的指标层。需要说明的是，各要素的提炼和各要素特征的描述是基于对已有经验的分析，这些经验一方面来自对历史上主要"高等教育强国"特征的分析，另一方面来自对"高等教育强国"概念中国本土意义的研究。以下从三个维度进行具体分析。

维度一：高等教育系统自身的发展水平。自身发展水平共有七个要素：首先，规模结构是基本要素。规模能否持续增长、结构能否不断调整优化是关系到系统自身发展水平最基本和最主要的方面。其次，经费投入、师资队伍、基础设施是关系到系统自身发展水平的"硬实力"因素。因为现代高等教育系统规模庞大，只有人、财、物资源充沛，利用效率高，才能夯实系统持续发展的基础。再次，制度建设、理念文化是关系到系统自身发展水平的"软实力"因素，完善的制度设计和先进的理念文化是系统持续发展的有力保障。最后，国际化是彰显系统国际竞争力、影响力、吸引力的重要因素。"高等教育强国"是具有国际比较意义的概念，要在国际舞台上比拼实力，国际化程度是集中体现。

维度二：高等教育系统满足社会需要的能力。作为社会子系统之一，高等教育需要满足来自社会政治经济、利益相关者、社会文化三个方面的发展需要。一是满足政治经济发展的需要：从政治需要来看，高等教育培养的人才应该是社会的建设者而不是破坏者，应该致力于不断推动社会发展；从经济需要来看，高等教育培养的人才应该适应所在国家的产业和经济结构，应该不断提升劳动力素质和水平，为社会创造更多财富，改善人民生活。二是满足利益相关者的发展需要。近年来，利益相关者理论在高等教育研究中广泛运用，最主要的原因是高等教育已经不是某个阶层和群体的特权，它已经渗透到社会各个阶层和群体当中，而且高等教育利益相关者共同担负了运行成本，他们拥有问责高等教育的权利。不同利益相关者的发展需求是不同的，学生、家长等社会公众希望高等教育更加公平公正，希望不断扩大公众接受优质高等教育资源的机会，希望毕业生就业情况更好；用人单位则希望高等学校培养出更多需要的人才。需要注意的是，高等教育利益相关者的发展需求会因国家和社会不同而有差异，需要结合本土情况具体分析。三是满足社会文化发展的需要。国家和民族的文化既需要通过教育进行保护和传承，也需要通过教育进行更新、塑造和发展；尤其是高等教育在保护和传承民族优秀传统文化、塑造和发展社会先进文化等方面都发挥了十分重要的作用。此外，高等教育还应在提升公民文化素养、丰富人们精神生活等方面发挥作用。

维度三：高等教育系统创新引领社会发展需要的能力。在这方面有制度环境、经济发展、科学研究、教育模式四个要素。首先，制度环境要素是关键。高等教育发挥创新能力，需要引导和激发其创新能力的制度环境设计，尤其是吸引高水平人才的制度措施、科学的人才评价体系、有利于创新人才培养和发展的制度环境。其次，经济发展、科学研究和教育模式是高等教育系统创新引领能力发挥作用的三个主要领域。从经济发展来看，高等教育系统的创新引领能力主要体现在对国家传统产业的改造升级、形成新的产业增长点；从科学研究来看，高等教育系统的创新引领能力主要体现在知识生产能力提升上，尤其是原创成果和核心技术领域应跻身世界前列；从教育模式来看，高等教育系统应形成具有本国特色的高等教育发展模式和路径，并对其他国家产生辐射作用，其模式和做法被其他国家所效仿。综上所述，"高等教育强国"概念内涵结构的维度层和指标层如表1所示。

表1 "高等教育强国"概念内涵结构的维度层和指标层

维度	要素	指标描述
自身的发展水平	规模结构	规模保持持续增长，结构不断调整优化
	经费投入	投入比较充足，来源多样，能够保持持续增长

134

维度	要素	指标描述
自身的发展水平	师资队伍	师资数量充足、结构优化，教师水平不断提高，世界顶尖学者占比不断提升
	基础设施	能满足人才培养需求，教育信息化水平不断提高
	制度建设	具有保障教育公平、学术诚信和人才培养质量的制度和措施，高校治理体系权责分明、不断完善
	理念文化	以先进高等教育理念为引领，立德树人，大学文化积极向上
	国际化	高等教育的国际化水平持续提升，来华留学生和外籍教师比例持续提高，人才培养能力和科研实力在国际竞争中位居前列
满足社会需要的能力	政治经济	培养人才的数量和质量能够满足社会需求，能够维护和推动社会的稳定和发展；高等教育结构与产业结构和经济结构相适应；劳动力素质不断提升
	利益相关者	保证高等教育的公平公正，不断满足公众对优质高等教育资源的需求，学生、社会群体和用人单位等对高等教育人才培养质量的满意度不断提高，毕业生就业情况良好
	社会文化	在保护和传承本国优秀传统文化中发挥重要作用，能够塑造和发展先进社会文化，能够不断提升公民的文化素养
创新引领的能力	制度环境	具有吸引高水平人才的制度措施，具有科学的人才评价体系，制度环境建设有利于创新人才的培养和发展
	经济发展	高校科研成果在国家传统产业的改造升级、形成新的产业增长点中发挥重要作用，高校科研对经济发展的贡献率高，产学研合作密切
	科学研究	高校科研经费持续增长，有促进知识创新的制度措施，拥有一批原创性科研成果，在国家战略发展重点领域拥有核心技术的自主知识产权
	教育模式	逐步形成具有本国特色的高等教育发展模式和路径，并辐射到其他国家，被其他国家效仿

通过对"高等教育强国"概念的历史生成、本土意蕴以及内涵结构的分析，我们认为，"高等教育强国"是在中国情境中生成的本土概念，是包含本质层、维度层和指标层的概念结构体系，其指标层更多地体现了本土建构特点。概括地说，"高等教育强国"是指具有较高自身发展水平，能够较好满足本国社会经济发展需要，体现较强创新引领能力，具有世界一流水平和本国特色的高等教育系统。

（本文原载《高等教育研究》2019 年 6 月第 40 卷第 6 期）

第三编
招生录取信息化的一次成功尝试

2024 年 1 月，全国教育工作会议强调，"要不断开辟教育数字化新赛道。坚持应用为王走集成化道路，以智能化赋能教育治理，拓展国际化新空间，引领教育变革创新。"此时，我们回望 20 世纪 90 年代周远清推动的高等教育网上录取的招生改革，可以看作是 20 世纪末教育信息化的一次成功探索。

我国高校招生网上录取改革历程

周远清　瞿振元　杨　松　王　诚　刘卫东口述　万作芳整理

　　网上录取是计算机信息处理技术和计算机网络技术运用于高校招生录取的简称，是建立在计算机信息处理技术和计算机网络技术基础上的一种全新的录取手段和管理模式。网上录取是现代信息技术在我国高校招生工作中发展应用的必然结果，是教育领域较早成功运用信息技术的范例。网上录取有两种方式：一种是高校在省级招生办公室（以下简称招办）录取现场利用局域网进行录取。高校招生网上录取改革初期，因为广域网的速度和安全没有保障，所以主要是在录取现场使用局域网录取。另一种是高校在所在地通过广域网进行异地远程录取。远程录取能够更好地体现高校招生的自主权，真正做到学校负责、集体决策（而不是派出的招生工作人员负责和决策），有利于提高录取工作效率，节省了人力、物力、财力，也有利于保证招生的公平、公正。远程录取是高校招生网上录取工作的发展方向和工作目标。

　　以网上录取为标志的高考录取方式改革主要在 1996—2007年完成。其中，1996—1998 年是广西和天津进行高校招生网上录取改革的探索时期，1996 年广西率先开展网上录取改革探索，1997 年天津跟进。此后，清华大学协助天津市教育招生考试中心于 1998 年成功完成了普通高校招生网上录取的探索试点工作。在广西、天津高校招生网上录取试点工作取得突破的基础上，1999 年教育部又增加了 8 个试点省市，至 2001 年基本实现在全国范围内推广网上录取。2002—2004 年是高校招生网上录取改革的完善提高期，完全实现了远程化网上录取。2005—2007 年是高校招生网上录取改革的巩固成熟期，阳光招生、信息安全等得以实现并不断完善，应用至今。本文基于一些当事人的访谈记录，辅以文献查证，回顾 1996—2007 年高校招生网上录取改革的历程，探讨网上录取改革在完善招生录取体制、推动高考制度的改革与完善、促进教育公平、加快教育管理信息化进程等方面的作用，以期推动相关研究的进一步深入。

一、1996—1998 年：开创探索期

1996 年以前，高校招生完全依靠招生工作人员奔赴各地，在当地招办的配合下运行现场录取。1996 年，清华大学、中国人民大学到广西进行招生时遇到山体滑坡，导致交通中断，招生工作人员不能到达招生现场，但录取必须如期进行。经过沟通，教育部请广西招办把拟录取学生的材料通过网络传送到北京，由高校根据网络传来的材料决定是否录取。偶然的地质灾害使得清华大学、中国人民大学通过计算机在网上录取了广西的学生，这也成为此后真正

意义上的高校招生网上录取的起点。

结合高校招生工作的经验，在信息技术不断发展的条件下，周远清提出了"不出高校门，能招天下生"的设想。1996年，他找到王诚，希望借助"中国教育和科研计算机网"（以下简称CERNET）为高校招生和信息管理服务，将计算机网络运用于高校招生录取工作，将高校、省区市招办面对面的交流转变为网上交流，以提高工作效率。1997年，教育部在北京尝试对招生系统进行信息监测和信息管理。同年，广西和天津在小范围内探索试行了个别学校、少数人的网上录取。因此，可以说广西和天津是最早开始实行高校招生网上录取的地区。

在广西、天津探索高校招生网上录取的基础上，1997年，王诚、刘卫东带着研究团队到广东、广西招办调研。调研结果认为，大体具备开发全国统一的计算机招生录取系统的基本条件。于是，他们尝试选择试点单位。教育部高校学生司建议在山西和天津试点，最终课题组选择了天津，这是因为天津离北京比较近，而且得到天津市教育招生考试中心主任乔丽娟的积极支持。

1998年4—7月，刘卫东带领研究团队进驻天津招办调研，他们发现根据广西调研所设想的很多细节与天津的实际情况完全不一样，从广西带回的网上录取相关资料和数据不能直接用于天津，要在天津进行试点必须重新设计开发相应的系统软件。

当时重新设计、开发系统软件面临两个主要困难：第一，研发人员大多在高校工作，不知道招办如何招生和具体的招生流程；第二，要实现网上录取，需要有与之相匹配的网速。据刘卫东回忆，当时网速非常慢，"1998年，教育网北京到天津的干线是155Kb，京津两地的学校都在用这条干线。后来到 1999 年，天津实现'双过半'时，才临时在天津招办院子里加了一个卫星接收设备，升到 2 兆（Mb）"。

经过调研，到 1998 年 9 月高考录取结束时，刘卫东对计算机招生录取系统的框架有了比较明确的想法，他决定将原来的代码完全推翻，重新编写代码。为了应对网速慢的问题，研发人员只选择天津大学、南开大学、天津体育学院三所高校使用广域网试行网上录取，其他学校还是采用现场招生录取。1998 年高考，天津首次实施并顺利完成了高校招生异地远程录取工作，鼓舞了大家的信心。

1998 年 10 月 14 日，周远清专程到清华大学计算机科学与技术系听取"全国普通高校招生计算机管理系统课题组"的工作汇报，提出"用三年时间基本完成高校招生录取系统软件研制和全面推广使用，实现网上录取"的总体工作设想，并要求"网上录取工作目标要明确、进度要明确、机制要明确"。

11 月 26 日，教育部高校学生司成立了"全国普通高校招生网上录取总课题组"（以下简称总课题组），这标志着计算机招生网上录取系统研发和网上录取试点工作正式启动。具体安排和操作高校招生网上录取的人员主要由三部分组成：一是教育部高校学生司的工作人员，由瞿振元司长亲自负责，任总课题组组长，参与人员还有本专科招生处处长胡扶功、副处长杨松等；二是总课题组聘请的高校计算机科学与技术专业的教师，如王诚、刘卫东等；三是各省区市招办、一些高校招办的工作人员，他们也参加了系统的研制、功能设计、软件开发等工作。天津市教育招生考试中心的乔丽娟、岳伟、张景华，广西壮族自治区考试院院长唐佐明、副院长王华等以及各省区市招办有力地配合了高校招生网上录取和计算机招生录取软件系统的开发工作。

要在全国基本实现高校招生网上录取，技术上主要存在两大困难：第一个困难也是最大的困难就是要开发全国通用的计算机招生录取软件系统。全国各省区市招办用一套系统，而且要把全部功能都融入这个系统难度很大。针对这个问题，1998年11月，总课题组在天津召开了第一次工作会议，提出系统开发要"遵循统一和分散、一般性和特殊性相结合的原则"；在技术上，"网上录取系统应达到'四个统一'：信息编码统一、考生基础信息统一、同级工作界面统一、高校录取工作软件统一"。第二个困难是信息安全。信息安全是关系到高校招生网上录取能否取得成功的关键问题，也是总课题组在研发过程中一直高度关注的问题。为了保证信息安全且节约成本，王诚、刘卫东等研究决定使用软件系统来保证信息安全，即通过数据加密传输的方式提升安全级别，而不需要在计算机上安装特别的硬件设备。

在观念尚未转变、技术尚不成熟的情况下，探索进行高校招生网上录取改革体现了教育部门抓住时机、先行先试、勇于探索的改革精神。

二、1999—2001年：研发试点期

1999年1月中旬，总课题组在天津召开了第二次工作会议。

刘卫东等演示了普通高校招生现场管理系统及网上录取过程，对总体设计方案和核心软件进行了详细介绍。与会人员就网上录取系统建设中的信息标准、电子档案的格式、内容，普通高校招生网上录取工作试行办法等进行了讨论和修改，会议要求参加高校招生网上录取试点的省区市于 3 月初派出技术人员，集中进行二次开发。

2 月 13 日，教育部发布的《关于进一步深化普通高等学校招生考试制度改革的意见》指出，要进行录取方式的改革，"重点是实施计算机网上录取。利用中国教育科研网建立全国大学生招生远程录取、学籍学历管理、毕业生远程就业服务一体化的信息系统"。教育部要求 1999 年天津高校招生网上录取要实现"双过半"目标，为此，总课题组于 3 月 7 日至 4 月 20 日进行了封闭研发，最终完成了系统编码和集成测试，并初步进行了用户测试。6 月底至 7 月初，总课题组在试点地区的通力合作下完成了"全国普通高校招生网上录取系统"的开发工作。

7 月上旬，总课题组在北京召开了第三次工作会议，对普通高校招生现场管理系统予以定型。当时 CERNET 的普及程度还不够，只有武汉大学、华中科技大学、上海交通大学、兰州大学、成都电子科技大学等学校才能进行远程网上录取，其他高校要到这些学校进行现场录取。针对 CERNET 的普及程度不够、网速慢的问题，会议决定由总课题组负责与 CERNET 协调，提高招生用户网络传输的优先级，保证各招生院校与省区市招办录取现场的信息传递畅通。

1999 年，除广西、天津外，教育部新增了辽宁、福建、湖北、四川、云南、北京、上海、重庆 8 个省市作为高校招生网上录取试点地区，在这 10 个省区市的 199 所高校实施网上录取试点，"在中国教育科研网（CERNET）的大力支持下，天津市还实现了远程录取院校及人数'双过半'。试点工作首战告捷，为全国实现网上录取奠定了坚实的基础"。周远清回忆起 1999 年和韦钰在天津招生现场的情景时说："当在计算机键盘上敲下回车键，最后一名学生确认录取完成后，'双过半'任务成功实现，天津试点成功，所有在场的人都激动得快流下眼泪，非常鼓舞人心"。

9 月下旬，网上录取试点单位工作总结暨总课题组第四次工作会议在四川成都召开，明确提出 2000 年高校招生网上录取工作要实现"三个过半"的目标，即参加网上录取工作的省份过半、参加网上录取试点的高校数过半、通过网上录取招生的新生总数过半。会议强调，在已经形成"四个统一"共识的基础上，要实现专业代码统一、用户端软件统一。此外，会议要求加强考生基础信息电子化，这是网上录取的前提条件，也是网上录取的基础；体检信息的采集要由扫描获取的点阵化图片信息尽快过渡到字符化信息，因为字符化信息占用空间小，信息价值大，能够进行统计分析。

11 月 6—21 日，总课题组组织部分省区市招办及高校的同志在厦门大学召开"网上录取应用软件功能需求设计工作会议"，集中编写网上录取应用软件功能需求说明书，参加编写的有王华、方放、杨晓玲、杨宏生、赵膺、徐峰、方晓彤、宗毅、杨永、文焱、陈斌、张军、韩冬、张俊、谷振宇、王泽来、蔺为民 17 位同志，他们编写的长达 130 页的功能需求说明书体现了高校招生网上录取的特点，为网上录取工作做出了贡献。

11 月下旬，总课题组第五次工作会议在云南昆明召开。会议讨论并审定了网上录取应用软件功能需求设计任务书，并据此研讨软件修改方案，就专业代码统一、区域投档以及院校对数据的操作方式等问题进行了专题讨论；会议还讨论了 2000 年信息采集工作建议方案，确定了信息采集的基本内容及格式。特别值得一提的是，在这次会议上，与会人员通过研讨而创新的"投档单位"概念及其运用解决了技术与业务衔接的关键点和难点，使高校招生网上录取系统的推广运用得到质的提升和突破。

2000 年 6 月上旬，总课题组第六次工作会议在河北石家庄召开。会议对如何实现"三个过半"的工作目标以及各试点地区相应的子课题组应该如何工作等提出了明确要求。瞿振元指出，"三个过半"是一个要跳一跳才能够得着的目标，这个目标要花很大工夫才能实现，同时要求西藏也要实现网上录取。为此，北京和四川有关技术人员专程赴拉萨调研并协助西藏招办解决了技术、管理等方面的困难，于 2000 年高校招生录取前完成了网络建设和数据采集，使西藏的计算机招生网上录取系统成功安装、调试并运营起来。

6 月中下旬，为了使社会各界了解高考网上录取工作情况，教育部"组织北京、天津等 13 个省市和有关高校进行为期 5 天的'2000 年远程录取模拟演练'"，并于 20 日设立了"公开观摩日"，"整个录取过程从投档、阅档到退档、录检，几个网上录取的主要环节进行十分顺利，表明网上录取的软件系统功能，网上传输的速度，网上录取的安全等方面，都能适应网上招生录取工作的需要"，是一次成功的演练。

7 月，北京、天津、河北、山西、辽宁、黑龙江、上海、江苏、福建、山东、湖北、湖南、广西、重庆、四川、贵州、云南、西藏、陕西、河南、内蒙古 21 个省市区进行了网上录取的试点工作，参加网上录取的省市数超过一半，参与网上录取试点的高等院校有 845 所，占当年高校总数的 82%，通过网上录取的学生有 112 万人，约占当年高校录取新生 220.6 万人的 51%，其中远程网上录取学生为 30.6 万人，这标志着 2000 年高校招生网上录取工作实现了"三个过半"的目标。

10 月，2000 年网上录取试点单位工作总结暨总课题组第七次工作会议在湖南长沙召开，会议提出 2001 年高校招生网上录取工作的目标是：全国各省区市均实施网上录取，同时努力扩大远程网上录取数量，为 2002 年基本实现普通高校招生远程网上录取奠定基础。

2001 年 1 月，2001 年全国普通高校招生网上录取工作暨总课题组第八次工作会议在陕西西安召开，会议确定了 2001 年全面实现高校招生网上录取的目标，并就网上录取系统和安全系统的进一步完善、规章制度建设和管理体制的进一步理顺、技术培训工作以及数据采集和信息管理工作做出具体部署。

2 月 12 日，教育部办公厅下发《关于做好 2001 年全国普通高等学校招生网上录取工作的通知》，对 2001 年普通高校招生网上录取工作做了全面部署。2 月 21 日，教育部高校学生司发出《关于做好普通高等学校招生信息管理工作的通知》，明确要求进一步加强和做好信息管理工作，并颁发了重新修订的《普通高校本专科招生管理基本信息集》。3 月 12—28 日，总课题组在海南海口举办了普通高校招生网上录取系统应用软件技术培训，这次培训的主要目的是使参加培训的人员深入了解和掌握网上录取应用软件的设计思想和使用方法。通过培训，参训人员成为各省区市高校招生网上录取工作的技术骨干，并担当起培训本地区招办其他工作人员的任务，为圆满完成 2001 年网上录取工作目标奠定了坚实的基础。

6 月，总课题组第九次工作会议在内蒙古呼和浩特召开。会议对 2001 年网上录取工作和信息管理工作进行了部署，各省区市汇报交流了准备工作的进展情况，以确保全国全面实现网上录取的工作目标。同时，会议对各地技术骨干使用全国普通高校招生数据检查及统计系统进行了培训。据统计，2001 年，全国 450 余万名考生电子档案（含报名、体检、志愿、成绩等）采集的考生信息高达 14 亿项。

2001 年，高校招生网上录取工作在全国全面展开，其中"北京、天津、内蒙古、辽宁、吉林、上海、浙江、广西、重庆、云南、西藏、福建、陕西 13 个省市区远程网上录取的学生数超过了 50%，内蒙古、浙江、福建、河南、西藏等省市区全面实现了网上录取远程化管理模式"。这标志着高校招生网上录取工作取得了成功，是我国教育管理信息化建设的一项重大成果。

高校招生网上录取工作从 1999 年 10 个省区市试点且天津实现"双过半"，到 2000 年全国实现"三个过半"，再到 2001 年在全国各省区市全面推开，三年迈出了三大步。

三、2002—2004 年：完善提高期

至 2001 年，高校招生网上录取工作已经逐步形成了一整套科

学、规范的管理模式，但仍然存在一些问题，主要表现在：省际、高校间管理及技术水平差异较大；安全保障体系尚有欠缺；数据传输过程中的加密还有待加强，防病毒、防黑客攻击的措施还不够完备。针对这些问题，2002—2004 年，教育部采取了一系列措施完善相关工作，如进一步修改完善应用系统软件，开展研讨性技术培训，加强院校对录取工作软件的使用培训；安全系统逐步将软件版本的 Net ST 防火墙升级为硬件防火墙，并采用病毒检测、防护软件和入侵监测软件，以免网络受到攻击造成瘫痪和数据损失。

2002 年 6 月上旬，总课题组第十次工作会议在黑龙江哈尔滨召开，这也是总课题组最后一次工作会议。在这次会议上，教育部高校学生司司长林蕙青系统总结了高校招生网上录取系统研发阶段的工作，指出这一招生录取手段顺应了教育管理信息化、现代化趋势，有利于维护招生的公平、公正。伴随着总课题组研发工作的胜利完成和维护运行工作的开始，各省区市开始依靠自己的技术人员对系统进行维护。为了完善运行维护管理机制，这次会议决定成立"全国网上录取技术协作组"，并完善了《全国网上录取技术协作组章程》和《2002 年全国远程录取模拟演练工作方案》。

2002 年，高校招生网上录取工作的目标是基本实现远程化网上录取，即全部按照远程网上录取的方式进行管理，远程网上录取的学生数量应超过录取学生总数的 80%。教育部要求各省区市要全面实现高校招生远程录取，同时要求加强信息采集管理，做到每个考生的信息都准确无误、格式规范；尽快提高信息采集的字符化程度，提高信息的可利用度；适当加大考生电子档案的信息量，以适应和满足高校在录取时对考生进行全面综合评价的要求；高度重视并加强网络安全工作，全面考虑信息传输的方式和保障问题，确保信息安全和网络安全、畅通。

经过总课题组成员和招生工作人员的共同努力，至 2002 年，全国普通高校招生基本实现了远程网上录取，进行异地远程录取的院校数占当年全国招生院校总数的 90%，"结束了高校招生工作人员必须到各省区市考试机构驻场录取的历史"。

2003—2004 年，教育部在网上录取系统建设、运行维护方面指导、支持"全国网上录取技术协作组"重点开展了四项工作：一是围绕进一步深化高校招生制度改革整体方案，结合"面向 21 世纪教育振兴行动计划（二期）"的实施，建立了国家级、省级招生信息化管理与服务平台，加强招生规范化、制度化建设，努力向考生和社会提供全方位信息实时查询服务，实施阳光工程，保证招生录取的公平、公开、公正。二是研究推进投档录取方式改革及其技术实现，如"平行志愿投档"降低了考生志愿填报风险，简化了录取中间环节。三是研究实现考生信息采集项目的扩充和建立考生诚信档案。四是积极开展安全系统研制和各类公网病毒防范，探索从根本上解决或降低安全隐患的途径，以保障网络安全、录取系统安全、数据安全和信息传输安全。

2002—2004 年，高校招生异地远程录取的院校数占全国招生院校总数的 90%，结束了高校招生工作人员现场录取的历史，网上录取工作的重点转向加强信息安全、完善运行维护管理机制方面。

四、2005—2007 年：巩固成熟期

在完善网上录取系统投档功能，加强信息采集、管理、使用，提高系统安全性能等工作的基础上，经湖南、陕西两省的探索试点，2005 年 3 月，教育部发出《关于高等学校招生工作实施阳光工程的通知》，进一步完善了招生信息公开制度，即招生政策公开、高校招生资格及有关考生资格公开、招生计划公开、录取信息公开、考生咨询及申诉渠道公开、重大违规事件及处理结果公开，简称"六公开"。阳光工程是教育部在高校招生网上录取的基础上推出的，是网上录取系统更高层次的应用和发展，阳光招生使社会对招生工作的监督更加有效，使信息公开、录取公正成为现实。

自 1999 年全国高校招生试行并逐步推广网上录取以来，CERNET 一直承担着高校招生网上录取的网络安全及传输保障工作，但随着远程录取的全面实施，招生高校的增多和高校网络接入渠道的多样化，各电信运营商网络与 CERNET 之间、各电信运营商网络之间互联互通不畅问题以及跨域网上录取的安全风险防范问题愈加突出，主要表现为互联网带宽不足、网速不快等导致考生信息传递不畅，录取系统容易遭受病毒侵害和恶意攻击等，对高校招生网上录取工作的安全和顺利进行造成较大影响。为解决上述问题，2006 年 4 月 18 日，《教育部高校学生司关于实施"高校招生网络安全畅通工程"的通知》要求 CERNET "向新接入 CERNET 的高校提供光纤高速接入、电路专线接入和虚拟电路接入（VPN）等不同方式的接入服务。同时，须向新接入的高校提供所需的 CERNET 的真实 IP 地址、edu.cn 域名、技术安全保障系统和 24 小时客户

服务"，"各省级招办须确保本单位录取期间的现场局域网以专线高速接入 CERNET"，"高校应积极配合并采取有效、可行的方式，实现与 CERNET 的直接互连"。通过以上措施，保证了教育部、省级招办及高校网络的安全畅通，解决了多年困扰远程录取的问题。

自开展网上录取工作以来，高校一般是以人工输入用户名、密码的方式进行身份认证。随着互联网信息技术的发展，网络安全形势日趋严峻，恶意攻击行为时有发生，对网上录取工作的顺利进行造成了不良影响。为进一步提高网上录取系统的安全强度和等级，确保招生录取工作安全顺利进行，自 2007 年起，教育部对网上录取身份认证系统进行了升级改造（简称"密钥工程"），即向具有普通高等学历教育招生资格的高等学校发放招生准入密钥，将过去人工输入用户名、密码的认证系统升级改造为 USB-KEY 双因子硬件身份认证系统。至 2007 年 6 月，教育部完成了各省区市招办身份的鉴别及对高校负责招生的工作人员的使用培训，并由专业机构向省区市、高校招办发放了密钥。此举有效保障了此后网上录取系统的安全运行，高校招生网上录取建设、运行维护工作日臻完善。

五、我国高校招生网上录取改革的意义

高校招生网上录取改革是教育部为适应社会发展需要，解决现场录取费时费力和招生中可能出现的不正之风问题，将网络信息技术运用于高校招生的一种战略选择。从现场录取到网上录取，这是我国高校招生录取方式的一次重要变革。高校招生网上录取改革的意义主要表现在以下几个方面：

第一，促进了教育管理信息化的进程。招生网上录取系统是CERNET建立以后成功运用的典范，是我国计算机技术、网络技术在教育领域的成功运用。同时，招生网上录取系统是全国高校招生、学籍学历管理、毕业生就业远程服务综合信息系统的重要组成部分，促进了高校学生教育管理信息化水平的提高。

第二，促进了教育公平。网上录取使招生工作处于"阳光"下，使录取行为更规范、录取过程更公开、录取结果更公正。

第三，提高了工作效率，节省了人力、物力、财力。实行网上录取，减少了工作人员的数量，降低了劳动强度，缩短了工作的时间。由于招生院校不再需要派人到现场录取，所需经费大幅度下降。"据有关部门估计，网上录取扣除制作电子档案的开支，平均每个省区市节约住宿费等经费200万元，每所高校节约经费也将达到数十万元，仅此产生的直接经济效益将达到每年亿元以上。如果再将制作电子档案后，招生数据产生的间接经济效益计算在内，效益还可大幅度增加"。

第四，完善了招生录取体制，进而推动整个高考制度不断完善。网上录取进一步完善了"学校负责、招办监督"的高校招生录取体制，实现了全社会全方位监督，为进一步深化高考其他方面的改革创造了条件。网上录取系统为现在全国实行的阳光招生、平行投档提供了数据基础和可操作的平台。2017年，上海、浙江实行的高考综合改革，如果没有高校招生网上录取系统的支持也是不可能实现的。

第五，加强了对学生信息的管理。当时开发建立计算机网上录取系统，目的并不仅是招生录取，还有更长远的设想。周远清说："网上录取系统属于全国统一的，运行于中国教育和科研计算机网，招生、学籍学历管理和毕业生就业远程服务一体化的综合信息系统的一个子系统"，"希望网上录取的相关信息，能够跟随学生成长步伐，记录学生成长历程，逐步建立起高校学生学籍管理系统，到学生毕业时，网上录取信息、学生学籍管理信息自动汇入毕业生信息管理系统，然后进一步生成为国家人力资源信息管理系统，为国家的人力资源开发和利用提供信息保障"。瞿振元说："我们想建立的系统是包括招生录取、学校的学历、学籍管理工作和毕业生的远程就业服务一体化的系统"。这样，借由高校招生网上录取系统，可以建立起从高校招生系统、学生学籍管理系统，到毕业生就业信息服务和管理系统，最后到国家人力资源信息服务和管理系统的完整链条。

第六，培养了一批既懂管理又懂技术的后备力量。回顾总结高校招生网上录取改革的历程和经验，一是上下同心、各方协力、与时俱进，按照发展先进生产力的要求，运用先进的现代网络信息技术，推进录取手段的现代化变革；二是行政推动、专家支撑，勇于创新实践，建立起一支专家与行政、技术与管理紧密结合，能打硬仗、善打硬仗的队伍，为招生考试事业培养了一批既懂管理又懂技术的后备力量。很多参加过网上录取工作的青年干部逐步成长为高校招生考试工作的中坚力量。

总之，我国高校招生网上录取改革大大推动了教育管理信息化，有利于促进教育公平，促使录取行为更规范、录取过程更公开、录取结果更公正，节省了时间，提高了效益，直接推动了高校招生考试制度改革，成为高校招生考试制度改革的重要技术基础和支撑，是社会及广大考生、家长和招生院校公认的无争议改革，具有良好的社会效益、经济效益和深远的影响。

（本文原载《当代中国史研究》2019 年 7 月第 26 卷第 4 期）

作者按语：到 2035 年建成教育强国，到本世纪中叶全面实现社会主义现代化。这些宏远又触手可及的建设目标，奠基于社会主义建设者不同历史发展阶段的接续奋斗之上。在 2024 年的今天，回看 1996—2007 年我国高校招生网上录取改革历程，发现它敲开了教育、科技、人才之间有机联系的大门，谱写了以教育信息化推进教育强国建设的前奏，拉开了推动教育数字化发展的序幕。

第四编
诚谢同仁

论教多识见　名声不浪垂
——《周远清教育人生》悦读慨言

陈　浩

　　周远清教授，曾拥有许多高光的头衔和美誉。我此刻最想用一句话表达：周远清是我们身边知行合一的教育家。我是较早获知《周远清教育人生》即将出版的信息的，近日，该书主编王静修博士将仅有的两本样书，遵周远清嘱咐先给我一本，我有幸成了最早的读者。读罢掩卷覃思，感慨万千，不仅勾起我许多美好回忆，而且对周远清论教治学所倾注的情思与识见、展现的人生异彩有了更清晰的感知，亲切感和赞佩之情再次被激发。

一、知味悟道　甘为教育燃此生

　　周远清长期躬行于高教之路上，经受住了历史的检验。从履历看，周远清出生于湖南桂东县一个贫困的小山村，中小学生活艰辛而不坠志，能考上清华大学至研究生毕业留校任教，自觉很幸运，何曾想过要当官。他是一步一个脚印，一个台阶一个台阶走上来的，从助教、讲师做起，晋升副教授、教授，其间还兼任过教研室副主任、主任，系副主任、主任。后来进入校部机关，出任教务处处长、副教务长、教务长、副校长。1992 年，又是他人生的新转折，奉组织选调，周远清出任国家教委高等教育司司长，不久兼任教委专职委员，并升至教委副主任，后国家机构改革，改任教育部副部长。踏入国家教育行政机关，视野更开阔，但也感到压力与责任之大，前所未有。他只能恪尽职守，夙夜在公，笃行不怠。21 世纪初从行政岗位退下来之后，周远清又被推选担任了 12 年的中国高等教育学会会长等学术领导职务，继续燃放生命之光，奉献情智。

周远清走上管理岗位，可以从担任清华大学教务处处长算起。据他回忆，当时学校教务长吕森找他谈话，动员他去做教务处处长，别的谈话内容周远清早已记不得了，最触动他的是教务长的一句话："教学管理工作时间长了会很有味道。"就是这"有味道"，着实在周远清的脑海里刻下了太深的烙印，从此，无论职务怎么变迁，他都念兹在兹。心有所持，行有所向，思必有得，从开始慢慢地体会到了"有点味道了"，到后来渐渐深悟出高等教育教学工作的"真味"和"正道"。何以见得？往远里说，学研者可以从此前出版的五卷套《周远清教育文集》中去领略，现在读一读《周远清教育人生》，也不失为一种好选择。特别是书中收录的周远清谈他"四情"教育人生的四篇文章，即"素质教育情怀""教学改革情结""教育研究情愫"和"教育强国情缘"等，在很大程度上就是他"知味悟道"的真实写照，也是他为我国高等教育改革发展做出多重贡献的有力印证。

试从办学之道、治教之道视域考察，周远清不但是时代风云变幻中的播火者，而且是教改的导航者。他为我国高等教育在大改革、大发展乃至大提高征程中坚持守正创新、没有迷失大方向，功德卓著。他认定"培养人是学校的根本任务，教学是学校的中心工作"等基本原则不能变。他由此概括提炼出"体制改革是关键，教学改革是核心，思想观念改革是先导"，以及"提高教学和人才培养质量是永恒的主题，是高等教育的生命线"等理念，得到高层领导和多数教育行家的普遍认同。他在各种场合讲：高等教育的各项改革，最终都要落实到提高教育质量上。1995 年 4 月，在国务院各部委教育司局长联席会议上，周远清强调："教学工作是学校工作的主旋律，作为学校指挥机构，不要变调，不能离调。学校工作很多，教学工作放在什么位置，重不重视教学工作，重不重视培养人，是涉及一个学校办学方向、指导思想的问题。"清言存至理，这些理念放在现今仍然适宜。

关于"教学改革是核心""教学是主旋律"这些理念和举措的历史性意义，很多高教改革的亲历者都有深切体会。当初就曾有人质疑"教学是主旋律"，那思想政治教育位置怎么摆？殊不知思政教育也是要通过教学主渠道来实现的。这个话题放在今天审视，仍然不是一件很轻松的事情，因为，时至今日还是有教育工作者对"改革核心是教学"，人才培养能力是治校办学的"核心能力"理解不到位，舍本逐末，把改革手段、举措当改革目的的现象仍时有发生。此刻，我特别想起了习近平总书记在全国高校思想政治工作会议上的重要讲话，其中有一段语重心长、足以让人醍醐灌顶的话："高校立身之本在于立德树人。只有培养出一流人才的高校，才能够成为世界一流大学。办好我国高校，办出世界一流大学，必须牢牢抓住全面提高人才培养能力这个核心点，并以此来带动高校其他工作。"大道至简，大义为先。牢记立校之本，围绕"核心点"开展工作，就能在治校办学中始终不迷向，走正道。

二、知遇发力　班车访谈促教改

周远清一生眷恋教育，奉献教育，他的心魄和情智从未离开过教育，对教育用情至深至真；教育也向他敞开博大胸怀，为他提供了建功立德、绽放精彩人生的大舞台。读周远清的文论、心语要言，质朴真切，知行合一，富有哲思，回味绵绵；听他讲话谈话，不矜不伐，不愧不怍，有识见，有温度，有高度，有尺度。周远清于我更有知遇之恩，对我的发展进步有过诸多直接间接的帮助，与他相识 30 多年来，我一直在享受他的教益，感念他新思绪的滋润。

周远清当年身居高位要职，却不耻下问，有了新思考新想法经常较早告诉我，还征求我的看法，一起探讨有些新提法新表述是否准确，能否立得住等。我有新文论发表，他也都给予肯定鼓励。眼下，更使我感慨不已的是，打开《周远清教育人生》，映入眼帘的有一篇他新近撰写的忆文《班车访谈 令人难忘》。文中对我的一些溢美之词，愧不敢当。但想起当年他与我在班车上的访谈，是可以作为佳话和故事来讲的。说来也巧，周远清到国家教委工作后，家仍住在清华，我的家也刚从教委大院搬到北京语言大学，成了校际邻居，我们每天早上一同乘教委循环班车上班。清华在北京语言大学前一站，他先上车。有一次，我上车看到他旁边的座位空着，就落座了。初次零距离接触，就聊开了。为了不影响车友们闭目养神，我们尽量放低声调。他是领导，我是想从他那里多了解教委机关工作新思路、新举措，并约稿的。不曾想，他很谦逊，说刚到教委工作不久，面上情况还不太了解。我也不知天高地厚，说了些高校和基层教师的所思所盼，对人才培养质量存在滑坡风险表示担忧等。当他把话匣子打开后，我发现他不仅很熟悉情况，而且已有较系统的思考，不乏新判断、新观点。我暗自佩服，总想有更多机会向他请教。车友们见我们聊得投机，有说不完的话，每次我上班车时都会将周远清旁边的座位让给我，让我们继续聊呀侃呀，我庆幸学到了很多，启迪了思考，如坐春风，喜不自禁。欢叙几次后，我就凭记忆将他所谈的重要内容整理出来，并试着以访谈录的形式成文，让他审阅。他开始有点吃惊，看内容和文字水平尚可，又面带笑容。发表前，我们又少不了在班车上推敲打磨。

1993 年 7 月，第一篇访谈录《突出教学主旋律 推动质量上台阶》在《中国高等教育》上刊登。文中将周远清直陈的当时全国高校面临的客观矛盾和问题，如实少掩饰地摆在读者面前。周远清认为，当时一些高校的教学工作存在的问题，除了人心浮躁、队伍不稳之外，要害是投入不足，具体表现在四个方面：一是教学经费投入不足，有的学校甚至是严重不足；二是领导精力投入不足，学校各项工作任务繁重，热点很多，领导很难集中精力好好抓教学；三是部分任课教师对教学工作精力投入不足，心有旁骛；四是部分学生学习精力投入不足，学习积极性不高。这就是后来广为流传的"四个投入不足"。

一文激起千重浪，质量哲思缘此来。大大出人意料，此文发表后，在高教界引起巨大反响，它使一些高校领导猛然醒悟，不抓教学和人才培养质量就会犯错误；各高校纷纷比照各自处于何种状态，"四个投入不足"如何改变，何时得以改观等。这应该是触到了高校的一个痛点，直到今天还经常有人以教学投入足不足来衡量一所学校人才培养工作的发展状态与水平。周远清见此状，对我们刊物予以表扬。我说这叫借力发力，是我和我们杂志借您光了，是您切中时弊的批评和新思考、新要求，说出了很多人的心里话，是师生和社会所盼，产生了广泛共情共鸣。就这样，第一篇访谈录一炮打响后，周远清希望部机关有关司局要利用好这个部里自己的宣传舆论工具，并鼓励机关处长司长积极撰稿，以提高理性思考及文字写作能力，促进思想交流，引导舆论。

班车上访谈，不占工作时间，不用刻意准备，不需正襟危坐，聊天时轻松即兴，有些文件和严肃场合不便说的话都可以聊，周远清觉得是个好方式。我更是尝到了与高人聊天的价值与喜乐，有时虽然只是一两句话，却能让人豁然开朗，脑洞大开，回味与慨叹不已。于是，我们又陆续推出多篇访谈录，每年大致一到两篇，其中有《教学在升温 教学要再加温》《有计划高起点地推进教学内容和课程体系改革》《把什么样的高等教育带入 21 世纪》《跨世纪的课题：改革教育思想教育观念》等，光从题目看，便可知都富有时代感和迫切性，都在战线上产生过较大反响。

与班车上访谈相关，还有一件事难以忘怀。为了防止高等教育在大发展中以牺牲质量为代价，周远清突然萌发出又一个金点子：花大力气开展全国性的教育教学质量评估评价。他问我是否可行，怎样实施？我一听忽然眼睛一亮，认定是好招高招，富有开创性，建议可以先行试点。他说这件事你要参与进来，包括一起讨论实施方案，跟评估专家组一道进校实地考察，一起分析研判。经过酝酿，周远清决定，选择无从新建的百余所本科院校（大多由老中专升格上来）入手开展试点，积累经验，名称就定为"本科教学合格评价"，以评促建，以评促改。他还建议并亲自点题在《中国高等教育》开辟"教学质量百校行"专栏，希望本刊持续跟踪，发挥舆论监督和导向作用。在周远清亲自部署指挥下，适合中国国情的教学合格评价试点工作有序推进，通过对被评高校教学状态、教学条件、教学管理、教学水平等问题的全面透析诊断，既肯定成绩又不留情面地指出问题所在，并选择典型在杂志上公开曝光，督促限期整改。阵痛之后是巨变，几年下来，这些工作取得了"神奇效果"，被评的百余所新建院校普遍端正了办学指导思想，教学投入大幅增长，办学条件大为改善，教学管理趋于规范，教学质量得以基本保障和持续上升。这表明教育教学评价牛刀初试，便获得了高度赞誉。

作为提高教育教学水平和质量的重大改革举措，周远清觉得应乘势而上，进一步思考如何使教育评价工作常规化、制度化，努力建设适合中国国情的教育评价体系。所以又有了他亲自倡导的随机评价、优秀评价等，教育部和各地各校从实际需要出发，也都陆续成立了专门评估评价机构，使周远清大力倡导并实行的教育评价事业得以接续与传承，并进入新发展阶段。当下，以破"五唯"为突破口的教育评价改革，引发教育界内外的高度关切，相信一定能通过上下齐努力迎来新气象，发挥新功效。

关于教改与人才培养，周远清还与我谈及很多颇具启发性的话题。他认为，教学改革的第一责任在高校，只有高校主要领导真心重视，师生都参与进来，教改才能见实效。作为教育行政管理部门，要有战略眼光和全局观念，善于着重抓好具有普遍性的问题与矛盾。凡看准了具有普惠性意义的重大专项改革就要抓住不放，持续发力。周远清常忆及他任上抓的另外两次卓有成效的重大教改实践，一次是 1994 年启动、历时多年实施的"高等教育面向 21 世纪教学内容与课程体系改革计划"，另一次是世纪之交在全国推行的以文化素质教育为切入点和突破口的大学素质教育，既轰动又持久，影响力和受益面都非常深广。这让周远清感到很欣慰。与此同时，他对当时陈旧落后的教育教学方式方法改革还是小打小闹，未形成大气候，未见根本改观，未来得及在他任上作全面部署，也深表遗憾和持续关切。随着对旧方法给我国高等教育造成全局性危害的认识的加深，周远清一直痛心疾首："没有什么时候比现在对教学方法改革的要求更为迫切、更为强烈的了。"他进一步认为，教学方法先进与否，直接影响创新人才培养与使用，上升到教育思想层面，就是一个以谁为本、培养什么人的问题。他预言或是盼望："总有一天要来一次教学方法大改革。"回答"怎样培养人"，破解如何"创新人才培养模式"难题，焦点就在于教育方式方法先进科学与否。教育教学方式问题不是孤立狭隘的，它涉及"教师怎么教"和"学生怎么学"，涵盖教育途径、教学内容、培养范式等。因此，在基本弄清楚"培养什么人"和"为谁培养人"基础上，若能来一场以"怎样培养人"主旨的大学教育教学方式方法大改革，应该是可行的选项。

三、知行合一　理论研究益思行

据我所知，我国高等教育理论研究群体有个共同观感，像周远清那样的高层领导，在处理繁忙行政事务的同时，还能对高教理论研究付诸一片情愫，而且孜孜以求、痴心不改、果实满满，实属罕见，又最是难能可贵。

周远清是发自内心地坚信思想是灵魂，理论是实践指南的。他笃信，广泛深入开展教育科学研究，定然可以激发思路，启思导行，提升维度。在他身上可以看到，无论个体还是群体，只要用心用情用力，实践创新和理论创新是可以并行不悖、合二为一的。他多次说：我很奇怪，高等学校有那么多教授专家，研究自然科学和社会科学的方方面面，怎么很少有人好好研究自己，即极少研究高等教育是什么、为什么、干什么。他认为这种状况应得到改变，希望多出这方面的研究成果。于是，他身边一直团结有一批优秀的高教理论研究者和爱好者，是他开启高等教育重大决策和教育教学改革实践"理论先行"新风尚，凡是他牵头组织的重要会议，重要文件制订，都必须诚邀教育理论研究者参与，虚心听取意见建议，吸纳研究成果。是他亲自点题并筹措经费组织开展重大理论与实践问题研究，并且一个接着一个，从未间断。最有名气的就是 20 世纪 90 年代中期大范围开展的"建设有中国特色高等教育理论要点"研究。历时数年、数百人参与研制的"理论要点 60 条"等重大成果的推出，不仅很好地发挥了理论指导作用，而且锻炼了队伍，形成了研究风气，调动了持续深入开展教育理论研究的积极性，很多高校领导与理论工作者纷纷要求加入类似课题研究。紧接着，周远清从自己正在思考的"把一个什么样的高等教育带入 21 世纪"出发，组织开展前瞻性的"21 世纪的中国高等教育"大型课题研究，响应同样热烈，成果颇丰。众所周知，周远清带领一批著名学者专家对大学素质教育思想理论框架的构建与理性思考的系列文论，极具理论意义和改革实践意义。

有专家言：周远清曾集"当家""行家""专家"于一身，这是他的优势所在，别人无可替代。但我们也看到，天下"当家"者无数，更替频频，也各展风格。周远清的可贵可敬之处，在于他"当家"更重知行合一，意欲补上高教理论研究短板。他在任期间，善于运用能"当家"的特殊身份，一手抓工作实践创新，推动高教改革发展开新局；一手抓思想理论创新，情真思切，亲力亲为，快意纵横，使我国高教理论研究大有起色，他自身也获益匪浅，让其思维更加活跃，识见更加高远清明。

行成于思，思利于行。周远清对教育的思虑思考一刻也不曾停止过。他从行政岗位退居二线后，又站在了中国高等教育学会新舞台。他明白，学会是学术社团，行于所当行，止于所当止。他很快转变角色，摆正位置，让学术机构按学术规则运作，为规范办会、服务兴会、学术强会尽心尽责。他选人用人，尽量从学术社团实际所需考虑，不以行政级别高低排座次、论英雄。他富有战略眼光，主张研究问题长线短线结合，认为"中"字头、"国高等教育"字号的学会，更应承担一人一校一地难以完成的重大课题研究，要立意高远，汇聚众智，集思广益，有思想理论新建树。

在高教学会会长、名誉会长任上，由周远清亲自点题立项、直接参与研究或作重要指导开展的研究有很多，可圈可点的有"21

世纪的中国高等教育""遵循科学规律，建设高等教育强国""中国特色高等教育思想体系研究"等重大项目。其中"中国特色高等教育思想体系研究"作为教育部重大委托课题，历时 5 年，出版有《中国特色高等教育思想体系探索》《中国特色高等教育思想体系论纲》等专著多部，其核心成果为"中国特色高等教育思想体系举要"，简称"高教思想 60 条"。这新 60 条，尽量按学术研究风格阐述，较系统地概述了高等教育思想要旨，是我国高教界长期理论与实践探索的基本思想理论积淀和结晶，简明扼要又不失科学性和可信度。周远清对"建设高等教育强国"的研究更是关心关注有加，据专家研究考证，周远清最早提出了"由大向强""建设高等教育强国"等概念。继前期研究取得重大成果之后，他直接指导申请并任总顾问的国家社科重大课题"建设高等教育强国之路研究"，于 2017 年正式开题，2021 年也已结题。2020 年 8 月，在庆祝潘懋元先生从教 85 周年学术论坛上，周远清再次呼吁：建设高等教育科学研究强国是建设高等教育强国的必需，是建设中国特色高等教育的必需。这是他的心声，也是时代的心声。作为相当一个时期我国高等教育改革实践和高教研究的举旗者，周远清的思想观念既有高度又接地气，经常表现出方向性和引领性。据有关统计，周远清在高教体制改革、素质教育、建设高教强国等方面的文论，被引用率曾一度位居前列，这也从一个侧面表明，他有令人仰望的学术地位和信誉。

名不徒生，誉不自长。大识见、大情怀，方能有大气象、大格局，成就大美人生。周远清展现的就是这样高行高光的教育人生。他从平民子弟成长为一名领导干部，本身就是一部厚重的书；他所学为理工专业，却充满人文情怀，亲者悦，远者来；他早早地炼就成自带光芒的人，照亮自己，也照亮事业，照亮别人。向周远清教授致敬！

（本文原载《中国高等教育》2022 年第 10 期）

治教思高远　清言宣至理
——敬谈知行合一教育家周远清

陈　浩

　　周远清教授，曾拥有高光的头衔，也有"教育改革的实践家""举旗者"等美誉流传。在我心目中，周远清就是身边知行合一的教育家。我与周远清相识并受其教诲三十余年，曾有幸受命参与他布置的若干工作与活动，获益匪浅。最近，高等教育出版社出版了王静修博士编著的《周远清教育人生》一书，引发不少同仁对周远清教育人生的热议，也触发我许多美好回忆和新感慨，觉得还有话可说、想说，或可聊以丰满此话题。细思量，周远清一生在高等教育道路上躬耕探索，对我国一个时期的高等教育改革发展所作的重要实践贡献和思想理论贡献，是有目共睹的，值得后辈学研。

一、悟道布道：高教道上躬行者的责任守望

　　周远清曾戏谑自己在高等教育战线"混"了一辈子，并误入"官"途。的确，仕途风云际会，功不唐捐，为官一方或一行，能

否功成名遂，是否造福一方和一行，都得经受时代和历史的检验。

周远清为自己谱写的是一个从高等教育的追光者到发光者的人生历程。从履历看，周远清出身于湖南桂东县一个贫困的小山村，中小学时生活艰辛而不坠志，能考上清华大学念书至研究生毕业留校任教，已觉很幸运，未曾想过要做什么官。他是一步一个脚印、一个台阶一个台阶走上来的，从助教、讲师做起，晋升副教授、教授，其间还兼任过教研室副主任、主任，系副主任、主任。后来进入校部机关，出任教务处处长、副教务长、教务长、副校长。1992年，他的人生又出现新转折，奉组织选调，出任国家教育委员会高等教育司司长，不久兼任教育委员会专职委员，并升至教育委员会副主任（后国家机构改革，改任教育部副部长）。踏入国家教育行政领导机关工作，非比一校一园，视野更开阔，但也感到压力与责任之大，前所未有。他只能恪尽职守，夙夜在公，躬行不怠。21世纪初从行政岗位退下来以后，周远清又被推选担任了十余年的中国高等教育学会会长等学术领导职务，继续燃放生命之光，奉献情智。

周远清走上教育教学管理岗位，起步于出任清华大学教务处处长。他曾回忆，当时是学校教务长吕森教授找他谈的话，动员他从系里到校部机关工作，做教务处处长。别的谈话内容周远清早已记不清了，最触动他的是教务长的一句话："教学管理工作时间长了会很有味道。"服从组织安排走马上任后，不管工作多忙，周远清脑海里总一直盘旋着"有味道"三个字，几成痴迷，甚至无论以后职务怎么变迁，他都念兹在兹，不悟出"有味道"深意不罢休。心有所持，行有所向，悟必有得。周远清在实践中从开始慢慢地体会到"有点味道了"，到后来渐渐深悟出高等教育教学工作的"真味"和"正道"，使心中更加亮堂开朗。原来品味知味，这是一个层级，悟道行道，则再登高阶。他出版过皇皇五卷套的《周远清教育文集》等，这是他的教育行思实录，其中不乏文献级的力作。周远清后来还特意写过谈他"四情"教育人生的四篇文章，即《我的素质教育情怀》《教学改革情结》《教育研究情愫》和《教育强国情缘》等，这在较大程度上就是他"知味悟道"、甘为高教燃此身的真情写照，也是他德高望重、在重要历史转折阶段为我国高等教育改革发展做出多重贡献的重要概述。

若从办学之道、治教之道视域考察，周远清不但是时代风云际会中的"播火者"，而且是高等教育改革的导航者。他为我国高等教育在大改革、大发展乃至大提高征程中坚持守正创新、坚定正确方向，功德卓著。周远清的头脑始终是清醒的：高等教育是培养接班人的神圣事业，必须坚守治教办学的社会主义方向，"方向一错，全盘皆错"。他刚进国家教育行政部门工作时，首先面临的是党和国家刚明确要在我国建立社会主义市场经济体制，高等教育体制改革和人才培养如何与之相适应的新的时代大课题。那时的改革热点难点明显增多，"拼命挣钱""科研第一""学术至上"及"教育要市场化"等观点陆续浮现，经商潮、下海潮又良莠莫辨。周远清是不赞成"教育市场化"及"与国际接轨"的。他认为，公办高校理当坚持公益性原则；各国政治制度、经济体制、文化背景不同，不可能也不应有"共轨"。他更认定"培养人是学校的根本任务，教学是学校的中心工作"等基本常识不能变，他由此概括提炼出"体制改革是关键，教学改革是核心，思想观念改革是先导"

及"提高教学和人才培养质量是永恒的主题，是高等教育的生命线"等理念，得到高层领导和多数教育行家的认同，并将这些基本精神吸纳进指导性的重要文件。周远清从此走到哪里就宣讲到哪里，不断督促贯彻落实。他在各种场合讲：高等教育改革要一手抓"关键"，一手抓"核心"；高等教育的各项改革，最终都要落实到提高教育质量上。1995 年 4 月，在全国高等学校优秀教务处表彰会上，周远清强调："教学工作是学校工作的主旋律，作为学校指挥机构，不要变调，不能离调。学校工作很多，教学工作放在什么位置，重不重视教学工作，重不重视培养人，是涉及一个学校办学方向、指导思想的问题。"这些理念放在现今仍然适用。

亲身经历者或教育行家绝不会渺视"教学改革是核心""教学是学校工作主旋律"等理念和举措的历史性意义。正是这些思想理念，及时纠正了一度出现的某些高校领导及教育工作者的偏颇言行，使高等教育工作在风云变幻中一直保持遵循自身发展规律运行。这是非常了不起的，也是很不容易的。当初就曾有人质疑"教学是主旋律""改革的核心是教学"，那思想政治教育位置怎么摆？"德育为先"怎么看？殊不知思想政治教育即德育也是要通过教学主渠道来实现的，"德育为先"也只有落实在教学工作实践中才能得到体现。这个话题放在今天审视，仍然不是一件很轻松的事情，因为，时至今日还是有教育工作者对"改革核心是教学，根本目的是提高人才培养质量"、人才培养能力是治校办学的"核心能力"等理念认识与落实不到位；主次不分，弃本逐末，把各种改革手段、举措、过程当成改革目的的现象仍时有发生。

这不能不让我们想起习近平总书记 2016 年 12 月在全国高校

思想政治工作会议上的重要讲话，其中有一段语重心长、足以让人醍醐灌顶的话是："高校立身之本在于立德树人，只有培养出一流人才的高校，才能够成为世界一流大学。办好我国高校，办出世界一流大学，必须牢牢抓住全面提高人才培养能力这个核心点，并以此来带动高校的其他工作。"大道至简，大义为先。这里，有必要再次提请高校的领导务必记住两个关键词："立校之本"和"核心点"。唯有如此，我们才能在治校办学中始终不迷失大方向，坚持走正道大道，防止走旁门左道，甚至歪门邪道。

二、班车访谈：超乎想象的教改舆论正导向

周远清一生眷恋高等教育，奉献高等教育，他的心魄和情智从未离开过高等教育，对高等教育用情至深至真；高等教育也向他敞开博大胸怀，为他预设了一个个时运，提供了建功立德、绽放精彩人生的大舞台。读周远清的文论、心语清言，质朴真切，知行合一，富有哲思，回味绵绵；听他讲话谈话，不矜不伐，不愧不怍，有识见，有温度，有高度，有尺度。周远清于我更有知遇之恩，对我的发展进步有过诸多直接间接的帮助，教益多多，感念无尽。

周远清当年身居高位要职，却不耻下问，有了新思考新想法经常较早告诉我，还征求我的认识看法，一起探讨有些新提法新表述能否立得住等。我有新文论发表，他也都给予肯定鼓励，有时我还没来得及向他报告，他先看到了就会来电话。曾记得，在我发表《大学，莫让素质教育销声匿迹》《改到深处是教学》《教学改革

要大力度加速度》以及《不属于教学方法改革：大学教改挥之不去的痛》等拙文时，他都很快有反馈意见，说这个提法表述会有启发，那个观点新锐可能会有不同看法，即使有偏颇他也包容，并勉励还可继续做文章等。1999 年，我出版第一本文集《中国高等教育改革潮走笔》时，周远清以《为高教改革鼓与呼》为题赐序。

更使我感慨不已的是，周远清最近又亲笔写了篇短忆文《班车访谈令人难忘》。文中对我有一些溢美之词，愧不敢当。但想起当年他与我在班车上的访谈，是可以作为佳话和故事来讲的。说来也巧，周远清到国家教育委员会工作后，家仍住在清华大学，我的家则刚从教委大院搬到北京语言大学，成了校际邻居。我们几乎每天早上都一同乘教委循环班车（人大—北大—清华—北语—北航—教委）上班。清华大学在北京语言大学前一站，他先上车，有一次，我上车看到他旁边的座位空着，就落座了。初次零距离接触，就聊开了。为了不影响车友们闭目养神，我们尽量放低声调。他是领导，我是想从他那里多了解教委机关工作新思路、新举措，并约稿的。不曾想，他很谦逊，说刚到教委工作不久，面上情况还不太了解，要多向大家学习。我也不知天高地厚，说了些高校和基层教师的所思所盼，对教学和人才培养质量存在滑坡风险表示担忧等。当他把话匣子打开后，我发现他不仅很熟悉面上情况，而且对下一步工作已有较系统的思考，不乏新判断、新思路。我暗自佩服，总想有更多机会向他请教。车友们见我们聊得投机，总有说不完的话，每次我上班车时都会将周远清旁边的座位让给我，让我们开心地叙聊讨论。我庆幸学到了很多，启迪了思维，如坐春风。欢叙几次后，我就凭记忆将他所谈的重要内容整理出来，并试着以访谈录的形式成文，让他审阅。他开始有点吃惊，表情严肃起来。待看内容和文字水平尚可，他又面带笑容。发表前，我们又少不了在班车上商讨推敲，直至基本满意。

就这样，第一篇访谈录以《突出教学主旋律　推动质量上台阶》为题，于1993年在《中国高等教育》7月号上发表。文章以问题为导向，再谈思路举措。文中将周远清直陈的当时全国高校面临的客观矛盾和问题，如实、少有掩饰地摆在读者面前。他判断，反映在教育教学质量上存在三种状态：一是个别高校教学质量出现了滑坡的局面；二是某些高校教学质量呈现滑坡的趋势；三是有的基础较好的高校也存在着质量滑坡的危险。分析根源，周远清认为，除了人心浮躁、队伍不稳之外，要害是投入不足，具体表现在四个方面：一是教学经费投入不足，有的学校甚至是严重不足；二是领导精力投入不足，学校各项工作任务繁重，热点难点很多，主要领导未能集中精力好好抓教学；三是部分任课教师对教学工作精力投入不足，心有旁骛；四是部分学生学习精力投入不足，学习积极性亟待提高。这就是后来广为流传的"四个投入不足"。

大大超乎意料，此文发表后，在高等教育界引起巨大反响。它使一些高校领导猛然醒悟：轻忽抓教学和人才培养质量就会犯天大错误，端正了抓教学质量的态度；各高校纷纷比照各自处于何种状态，"四个投入不足"如何改变，何时得以真实改观等。这应该是触到了高校的一个痛点，直到今天还经常有人以教学经费及精力投入足不足来衡量一所学校人才培养工作的发展状态与水平。周远清见此状对我说："看来你们杂志的影响力可以啊，最近我走到哪里，地方教育部门或高校领导见到我，都会提到这篇访谈录，而且都说是振聋发聩，提醒得很及时，正在反思和努力改进中，以确保教学改革核心地位的落实再落实。"我说："这叫借力发力，是我和我们杂志借您光了，是您切中时弊的批评和新思考、新要求，说出了很多人的心里话，是师生和社会所盼，产生了广泛共情共鸣，这也正是舆论导向的力量。"第一篇访谈录一炮打响后，周远清对《中国高等教育》高看一眼，对本刊的编辑记者大开绿灯，常为他们"吃偏饭"。他交代他分管的高教口各司局要敞开胸怀，为我刊工作大开方便之门，有关工作可以直接吸纳杂志同仁一起参与进来，互相切磋沟通，而且要利用好这个部里自己的宣传舆论工具，并鼓励机关处长司长积极撰稿，以提高理性思考及文字写作能力，促进思想交流，掌握舆论主动权。

班车上的访谈，不占工作时间，不用刻意准备，无需正襟危坐，聊天时轻松即兴，有些文件和严肃场合不会也不便说的话都可以谈可以聊，互相启发，周远清觉得是个好方式。我更是尝到了与高人聊天的价值与喜悦，有时虽然只是几句话，却能触发灵感，让人豁然开朗，脑洞大开，回味绵绵。于是，我们又如法炮制出多篇访谈录，每年大致一到两篇，其中有《教学在升温，教学要再升温》《有计划高起点推进教学内容和课程体系改革》《把一个什么样的高等教育带入 21 世纪》《跨世纪的课题：改革教育思想观念》等，光从题目看，便可知都富有时代感和迫切性，都在读者中产生过较大反响。这便是周远清忆文中提到的，当时有不少大学校长、省教委主任对我说"您是用访谈来指挥教学改革的。"我也经常听到一些高校分管领导及教务处处长、省厅高教处处长说：用访谈指导工作、指挥教育教学改革，新鲜活泼活跃；能及时分享这么开明、思想前卫的主管领导的新思考和睿智识见，感到特别亲切和佩服，觉得上级领导就在我们身边指导，真的一直非常怀念这美好时光。

关于教学改革与人才培养问题，周远清还陆续与我谈及很多颇具启发性的话题。他认为，教学改革的第一责任在高校，只有高校主要领导真心实意地关心重视，而不只是分管副校长及教务教学部门在坚持，只有师生都发动起来了，并直接参与其中，教改才能见实效。作为教育行政管理部门，要有战略眼光和全局观念，善于着重抓好具有普遍性的问题与矛盾。凡看准了能动一发牵全身、具有普惠性意义的重大专项改革就要抓住不放，持续发力。周远清常忆及他任上抓的另外两次卓有成效的重大教改实践，一次是 1994 年启动、历时多年实施的"高等教育面向 21 世纪教学内容与课程体系改革计划"，另一次是世纪之交在全国推行的以文化素质教育为切入点和突破口的大学素质教育，既轰动又持久，影响力和受益面都非常深广。这让周远清感到很欣慰。与此同时，他对我国陈旧落后的教育教学方式方法改革还是小打小闹、未见根本改观，未来得及在他任上作全面部署，也深表遗憾和持续关切。随着对旧方法给我国高等教育造成全局性危害的认识的加深，周远清一直在痛心疾呼："没有什么时候比现在对教学方法改革的要求更为迫切、更为强烈的了。如果大家天天讲创新、讲创新能力的培养，而丝毫不去触动在人才培养中扼杀创新能力、创新知识的教学方法，那就等于自己骗自己。"话都说到这个份上了，也使一些高校和教师心动，开始注意教学方法改革，但还是没有在全国形成大气候，各级教学成果评奖时对此关注也还不够，导向欠得力。因此，周远清进一步分析认为：教学方法先进与否，直接影响创新人才培养与使用，上升到教育思想层面，就是一个以谁为本、培养什么人的问题。他还预言抑或是表达其真实心愿："总有一天要来一次教学方法大改革。"

我们看到，今天我国高等教育界都在深入求解回答"为谁培养人、培养什么人、怎样培养人"这一教育的根本问题，都希望看到实践新转机的到来。当前，教育理论研究对为谁培养人和培养什么人的问题探讨较多，也更深一步，这是必要的；但对怎么样培养党和国家所需急需人才的问题探索还不够深入。事实上，回答"怎样培养人"，破解如何创新人才培养模式难题，说到底聚焦点就在于教育方式方法先进科学与否。教育教学方式问题不是孤立狭隘的，它关涉"教师怎么教"和"学生怎么学"，涵盖教育理念、思维方法、教育路径、教学实施过程，特别是人才培养范式等。实践一再证明：任何事情，尽管理想和目的、目标等都理清楚了，投入等条件也基本具备了，但道与术的问题衔接不好，方式方法不对，也可能事倍功半，或前功尽弃，甚至是徒劳的。因此说，高等教育界在基本厘清"为谁培养人"和"培养什么人"的基础上，来一场以"怎样培养人"为主旨的大学教育教学方式方法大改革，应该是一个可行的重要选项。方法一变活力来，科学的教育教学方式方法，是高质量发展的重要依托！

三、合格评价：开启成规模教育质量评价帷幕

方向，质量，改革，可以说这是周远清在分管高等教育工作任

上思虑最多、常抓不懈的重点难点。这几方面又不是孤立地存在，而是互为因果、互为支撑的，其中保障和提升教育教学质量，是根本出发点和落脚点。周远清对树立正确的高等教育发展观尤为重视，他反复强调：从发展战略上说，高等教育必须规模、质量、结构、效益协调发展；如果忽视后三者，那是不成熟或是盲目的发展观。周远清认识到，满足国家现代化发展需要，在一个时期加快高等教育发展步伐，扩大高等教育规模，这是必然趋势，但作为高等教育内部，也应尽量防范扩大规模必然以牺牲质量为代价的误区。

20 世纪 90 年代初中期，扩大高等教育发展规模的社会呼声不断高涨，而教育财政投入又远远跟不上规模快速发展的需要，使发展与投入、发展与质量的矛盾凸现。面对当时教育质量忧大于喜的压力，周远清为抓质量可谓殚精竭虑，不遗余力。大约在 1994 年，他脑海里又开始谋划一个改革质量管理的新举措：花大力气组织开展全国性的高校教育教学质量评估评价工作。他心中已有了基本构想，仍广泛征求意见，也曾问我是否可行、如何有效实施？我一听，认定是好招高招，富有开创性，建议可以先行试点。在征得更多赞赏和支持意见后，周远清拍板，选择先从 1978 年以后新建的一百多所本科院校（大多由中专、专科、成人学校升格转设）入手，开展试点、积累经验，并定名为"本科教学合格评价"，以评促建，以评促改，力促被评高校教学质量上新台阶。评估评价专家都选自基础较好的高校领导、教务处处长及经验丰富的专家教授等，并要求严格按评价标准执行，不将就、不讲人情面子，该亮黄牌红牌就得亮。在周远清亲自部署指挥下，适合中国国情的本科教学合格评价试点工作紧张有序地展开。历时数年，对百余所新建本科院校的教学状态、教学条件、教学管理、教学质量水平等问题的全面分析诊断，既实事求是肯定成绩，又丝毫不留情面地指出问题所在，督促限期整改。几年下来，评价工作取得"神奇效果"，被评的一百多所新建本科院校普遍端正了办学指导思想，教学投入大幅增长，办学条件大为改善，教学管理趋于科学规范，教学质量得以基本保障和持续上升。尤其是少数长期处于地方行业主管部门等多头管理的院校，由于相互推诿，经费奇缺，校园面积严重不足且设施破旧不堪，运行处于半死不活状态，而通过评价整改，整体面貌焕然一新，师生员工精神为之一振。有的亲身经历、亲眼所见评价带来巨变的高校领导说：这教学合格评价，谁创发的，给创发并组织实施者颁发诺贝尔科学奖一样的大奖都不为过！这是在表达一种发自心底的赞誉。

在总结本科教学合格评价工作时，周远清又对我说：这次评价试点取得圆满成功，也有你们《中国高等教育》的一份功劳，这又是行政职能部门工作实践与宣传舆论机构密切配合的一个成功范例。他这样说，不仅仅是杂志编辑部派我等直接参与了评价工作，更特殊的还在于，为配合评价试点工作，从一开始就由周远清亲自策划并点题在《中国高等教育》开设"教学质量百校行"专栏，希望本刊持续跟踪，对好经验正面宣传，对典型性问题也要敢于抓住不放，甚至曝光，发挥更好的舆论监督和导向作用。实际行动中也正是这样做的。其间关于曝光典型问题就发生过这样的一件事：在对苏北某学院开展合格评价时，本刊有一位记者随专家组进校全程参与，根据专家组评价"不合格"亮红牌的结果，写了一篇报道，主要列出并分析"不合格"的种种事实及原因，拟在杂志公开曝光。稿件在向该学院主管部门送审和征求意见时，卡顿了，得到的回复是坚决不同意发表，理由是可能引起学生不满，引发不稳定因素，这个责任谁也担不起。在请示周远清怎么处理此稿时，他答复：请再向专家组和学院核实内容是否属实，如果事实如此，支持刊发。并在电话中对我说：惩前毖后，督促学校整改是为了提高办学水平和教学质量，是让学生得益，要相信学生的觉悟，他们会通情达理的。这既是一种理性分析，又是一种领导责任担当，为杂志和记者撑腰。此稿刊发后，曾在一定范围引起轰动，学院主管部门专门开会研究，如何加强对该院的支持及指导力度，经上下联动共同努力，不久便使学院很快扭转被动局面，受到师生欢迎。而这让更多的人看到的是，合格评价是动真格的、不走过场，可佩可敬。在"教学质量百校行"专栏中，被不留情面又实事求是反映存在问题的高校还有一些，大多都能积极配合、正确对待，由此引发的思考和正面的声音也很让人鼓舞：卧薪尝胆，苦练内功；上水平上质量，任重道远；教学质量是迈向建设高水平大学的基石；契机，将从这里开始；阵痛之后是巨变；等等。这些发自被评高校干群内心的声音，在杂志传播后，起到了很好的舆论导向作用，催人奋进。周远清看在眼里，喜在心头。

回望这段往事，似乎觉得相关研究对本科教学合格评价工作的开创性意义，认识还没有到位，更不应被埋没遗忘。用历史的眼光看，合格评价不仅是一项抓教学质量管理改革的有力举措，它激活了一批当时办学质量不合格或不甚合格的本科高校，使有的艰难度日的院校起死回生，焕发青春活力；更重要的是，合格评价拉开了我国成规模、讲规格、重实效进行高等教育教学质量评价的帷幕，并积累了可资借鉴的经验。顺着这个演进脉络，我们还可以看到周远清对教育质量评估评价工作的持续关注、关心。在合格评价完成后，周远清觉得应乘势而上，进一步思考如何使高等教育质量评价工作常态化、常规化、制度化的问题，就是应该努力探索构建适合中国国情的教育评价制度体系。所以他又亲自倡导优秀评价、随机性水平评估等，有力促进一批被评高校更加关注全面提高治校办学水平和教育质量，积极主动走内涵式发展之路。随后，教育部及各地各高校从实际需要出发，也都陆续成立了专门评估评价机构，使周远清用心创发并有效实践的教育评价事业得以传导接续，并进入新的发展阶段。今天，人们对教育评价重要性的认识，也达到了新高度，认为教育评价体现办学的价值导向，事关教育发展方向，是更好落实立德树人根本任务的重要保障。涉及面更广、期望值更大的以破"五唯"为突破口的教育评价改革，又在引发教育界内外左右的高度关切，乘风破浪，克艰攻难，任重道远。

四、知行合一：实践创新与理论创新并行不悖

事实表明，像周远清那样的高层领导，在处理繁忙行政事务的同时，还能对高等教育理论研究付诸一片情愫，而且驾轻就熟，快意纵横，硕果满满，又最是难能可贵。

周远清是发自内心地坚信思想是灵魂，理论是实践指南的。他笃信，广泛深入开展教育科学研究，定然可以启思导行，提升思想认识维度。在他身上可以看到，无论个体还是群体，只要用心用情

用力，实践创新和理论创新是可以并行不悖、合二为一的。但曾几何时，教育理论与实践严重脱节，实践工作者鄙视理论研究者，理论研究者轻蔑具体事务者，是挥之不去的痛，处于弱势的往往是理论研究者。常常是：高校管理部门及实际工作中长官意志、经验主义流行，凭拍脑袋决策行事是家常便饭；而很多理论研究远离实践，无病呻吟，或自说自话，自娱自乐。这个扣谁来解，谁能解？很巧合，由于周远清对教育理论研究工作的真心实意重视，并直接筹谋和带头参与其中，经意或不经意间成了这样的解扣者，成了一个时期教育理论与实践紧密结合的有力推进者。他多次说：我很奇怪，高等学校有那么多教授专家，研究自然科学和社会科学的方方面面，而且总有研究成果不断涌现，怎么很少有人好好研究自身，即极少研究高等教育是什么、为什么、干什么？他认为这种状况应得到改变。他希望多出这方面的研究成果。于是，他身边一直团结有一批优秀的高等教育理论研究者和爱好者，是他开启了高等教育重大决策和教育教学改革实践"理论先行"新风尚，他到高校考察，总是不忘问及教育理论研究成果或研究机构及队伍建设状况，希望高校领导用战略眼光抓高等教育理论研究工作等；凡是他牵头组织的重要会议，重要文件制订，都必须诚邀教育理论研究者参与，虚心听取意见建议，吸纳研究成果，不当花瓶摆设。是他亲自点题并筹措经费组织开展重大理论与实践问题研究，并且一个接着一个，从未间断。

最有影响的就是 20 世纪 90 年代中期大范围开展的"建设有中国特色高等教育理论要点"研究。此项目要放在研究背景下才能知道其特殊意义。当时，我国高等教育体制改革起步不久，高校条块分割、各自为政的局面尚未打破，教育部直属高校、中央部委所属高校、地方院校等各行其是，办学思想和治校方略五花八门，理论认识浅薄甚至混乱，亟需有一个让各方都能有基本遵循的文本。于是，周远清在认真抓中央文件和全国高等教育工作会议精神贯彻，有序推动教育教学改革的同时，热心组织开展理论研究。历时数年、数百人参与研制的"理论要点60条"等重大成果的推出，可谓恰逢其时。它不仅发挥了很好的理论指导作用，使各方有了基本遵循，而且锻炼了队伍，形成了研究风气，调动了持续深入开展教育理论研究的积极性，很多高校领导与理论工作者纷纷要求加入类似课题研究。紧接着，周远清从自己正在思考的"把一个什么样的高等教育带入21世纪"出发，组织开展前瞻性的"21世纪的中国高等教育"大型课题研究，响应同样热烈，成果颇丰。众所周知，周远清带领一批著名学者专家对大学素质教育思想理论框架的构建与理性思考的系列文论，更极具理论意义和改革实践意义。

有专家言：周远清曾集"当家""行家""专家"于一身，这是他的优势所在，别人无可替代。但我们也看到，天下"当家"者无数，更替频频，也各展风格，而能让实践与理论二者齐彰同辉者罕见。周远清的可贵可敬之处，在于他"当家"更重知行合一，更关注实践与理论有机结合，意欲补上高等教育理论研究短板。他在任期间，善于运用能"当家"的特殊身份，一手抓工作实践创新，推动高等教育改革发展开新局；一手抓思想理论创新，情真思切，孜孜以求，痴心不改，著述丰盛，既积极推进我国高等教育理论研究有新起色，他自身也深感获益匪浅，让其思维更加活跃，分析问题更加深透，识见更加高远清明。

贤者识大，智者思远。能始终享受在思考的人生是充实而幸福的。众望所归，周远清从行政岗位退居二线后，又站上了中国高等教育学会新舞台，有更多精力思考、谋划如何繁荣发展高等教育理论研究。他明白，学会是学术社团，行于所当行，止于所当止。作为会长，周远清想在学术研究上、丰富教育思想理论上继续有所作为，但也不便不宜对新接替的领导和行政工作造成任何压力，甚或干扰。他很快转变角色，摆正位置，让学术机构就按学术规则运作，为规范办会、服务兴会、学术强会尽心尽责。他选人用人，尽量从学术社团实际所需考虑，不以行政级别高低排座次、论英雄，避免学术社团沾染不应有的官僚习气。身为会长，周远清从不盛气凌人，颐指气使，居功自傲；他心怀坦荡，作风民主，不打官腔，不论职位高低都互相尊重切磋；他在很多场合的讲演及发表文论，不让别人捉刀代笔，要由自己撰写；他富有战略眼光，主张研究问题长线短线结合，以长为主，认为"中"字头、"国"字号的学会，更应承担一人一校一地难以完成的重大研究课题，要立意高远，汇聚众智，集思广益，有思想理论新建树。引申开来说，真实有价值的重大教育理论研究成果就应努力做到：可望，可行，可鉴，可传。

在高等教育学会会长、名誉会长任上，由周远清亲自点题立项、直接参与研究或作重要指导开展的研究有很多，可圈可点的还有"20世纪的中国高等教育""遵循科学规律，建设高等教育强国""中国特色高等教育思想体系研究"等重大项目。其中"中国特色高等教育思想体系研究"作为教育部重大委托课题，历时5年，出版有《中国特色高等教育思想体系探索》《中国特色高等教育思想体系论纲》等专著多部，其核心成果为"中国特色高等教育思想体系举要"，简称"高教思想60条"。这新60条，尽量按学术研究风格阐述，没有那么多"必须"，避免了官方文件格调，它较系统地概述了中国特色高等教育思想要旨，是我国高等教育界长期理论与实践探索积淀的基本思想理论概括与结晶，简明扼要又具系统性，不失可读可鉴与可信度。

周远清对"建设高等教育强国"的研究更是关心、关注有加。据专家研究考证，"由大向强""建设高等教育强国"等概念，就是由周远清最早提出的。继前期研究取得重大成果之后，他直接指导申请并任总顾问的国家社科重大课题"建设高等教育强国之路研究"，于2017年正式开题，2021年也已结题。周远清反复强调：没有先进的、现代化高等教育思想和理念，就不能算也不可能建成高等教育强国。2020年8月，在庆祝潘懋元先生从教85周年学术论坛上，周远清再次呼吁：建设高等教育科学研究强国是建设高等教育强国的必需，是建设中国特色高等教育的必需。这是他的心声，也是时代的心声。作为相当一个时期我国高等教育改革实践和高等教育研究的举旗者，周远清为我国高等教育人才培养质量的提升，为高等教育理论研究队伍的壮大和水平的提高，呕心沥血，他的思想观念既有高度又对接地气，经常表现出方向性和引领性。据有关统计，周远清在高等教育体制改革、素质教育、建设高等教育强国等方面的文论，被引用率曾一度位居前列，这也从一个侧面表明，他同时拥有令人仰望的学术地位和信誉。

治教行道积功德，清言至理多识见。周远清向我们展现的是高行高光的教育人生，是知行合一教育家的风范，并留存有量多思正、清清亮亮的教育心语清言。可谓是：穷不失志，达不离道；为而不争，人格放光；心量正大，著述华教。学习研究周远清，将会有益于我们对高等教育改革发展非凡历程的深刻理解，继往开来，有助于激励并启迪后来者。

（本文原载《铜仁学院学报》2022 年第 08 期）

教育的味道是思想

马陆亭

作为一个教育研究的从业者，我时常在想：改革开放以来，我国高等教育取得了举世瞩目的成就，原因当然很多，但重视教育研究工作、理论先行，应该是一个重要的原因。教育的味道是什么？我认为是观念、理念、思想的酝酿，思想对了，思路通了，前进的问题就好解决了。

2021 年年底，中国地质大学王静修副教授把他在高等教育出版社出版的《高等教育的味道——周远清的教育智慧与实践》一书寄给了我，近几个月也不断有高教界同行问我有没有读过此书。"味道"入书很不寻常，便想借味道的意蕴对本书所反映的教育思想思考谈些体会。

"高等教育是很有味道的"，这是教育部周远清老部长时常说起的一句话。20 世纪 90 年代，高等教育改革发展进入关键期，当时教育部主管全国高等教育工作的周远清副部长就提出了"体制改革是关键、教学改革是核心、教育思想和观念改革是先导""坚持规模、结构、质量、效益协调统一的发展战略""把一个什么样的高等教育带到 21 世纪"等系列理念思想和思考命题，有效促进了世纪之交的高等教育"改革取得了突破性进展，事业取得了跨越式发展"；进入 21 世纪，担任中国高等教育学会会长的周远清又筹资 600 万元在全国组织了"高等教育强国"的系统研究，影响至今；之后又进一步推动了中国特色高等教育思想体系的研究。

那是一个充满改革与发展活力的年代，周远清老部长统筹教育行政、大学校长、研究人员三支队伍联合开展宏观战略与政策研究的力度和影响空前之大。我多次对我的博士生说，研究中国高等教育世纪之交的改革，评价中国高等教育跨世纪前后 20 年的发展，不看周远清老部长的论述，是入不了门的。

我于 1995 年由工业部委系统教育部门调入国家教委，作为综合组成员参加了周远清老部长组织的项目工作，后来断断续续根据工作需要参加过老部长组织的一些大型课题研究，其间多次听老部长说："思想是高等教育发展的灵魂"。周远清老部长倡导在高等教育改革和发展的同时加强教育科学的研究，及时进行实践经验总结和教育理论建设，从而逐步形成了我国高等教育现代化发展中的"理论先行"模式，提出了"教育思想、教育观念的改革为先导""没有先进的高等教育思想，就不可能建立现代化的高等教育"等著名论断。最近十几年，周远清老部长一直在呼吁"努力建设教育研究强国"，反映了他对教育思想的价值肯定。在我的认知里，周远清老部长是一位智者，思考从不间歇，也不断提醒身边人多思考教育问题。

记得十几年前在厦门大学组织的一次学术年会论坛上，我在开场主持环节说了这么一段话："我们这代高等教育研究者，特别是教育政策研究者，是听着周远清部长的话、读着潘懋元先生的书成长起来的。"这在与会者中引起了共鸣。在《高等教育研究》杂志创刊 40 周年组织的笔谈中，我在《教育研究的价值理性与工具理性》一文中写道：40 年来我国高等教育研究者有了三代人，第一代多是其他专业出身的学术领导干部，既是实践者也是探索者，有经验、有兴趣、有思想；第三代是教育学科班出身，优点是学科功底扎实，缺点是思想性和实践性不足。我自我定位为第二代高等教育研究者，把第一代重视思想的传统传给第三代，应该是我们的责任。

当今我国已经开启第二个百年奋斗目标新征程，迎接世界百年未有之大变局和实现中华民族伟大复兴是使命要求，世界格局的风云变幻和新一轮科技革命蓄势待发是时代背景，高等教育普及化和跨越高收入经济体门槛是新的阶段，高等教育强国的重要性越来越得以凸显。思想是发展的先导和灵魂，愿大家好好品其中之味。我想，这也是《高等教育的味道——周远清的教育智慧及实践》一书想带给学界同行的思考吧。

（本文原载《留学》2023 年第 05 期）

周远清高等教育思想的哲学之思

李金文

　　20 世纪末 21 世纪初，我国高等教育经过改革发生了翻天覆地的变化，取得了非凡的成绩。高等教育改革重大成绩的取得离不开先进理念的引领。周远清同志在 20 世纪 90 年代初主持教育部高等教育司工作，先后主持过多项中国高等教育科学理论研究课题，逐渐形成了周远清高等教育思想。周远清高等教育思想具有明显的时代意识，责任与智慧同在，理性与感性并存。周远清高等教育思想是在马克思主义哲学思想的指导下、基于对实践的深层次思考而形成的，蕴含丰富的哲理性思维。本研究通过对周远清高等教育思想的梳理，从哲学维度阐述周远清高等教育思想之源、思想之核、思想之根、思想之法，旨在探究周远清高等教育思想取得重大成就的奥秘，为进一步深化新时代高等教育改革提供启示。

一、思想之源：中国教育改革的实践

（一）坚持从中国高等教育改革实际出发

　　紧扣时代脉搏，坚持从中国高等教育改革的实际出发为高等教育发展锚定方向。2010年12月，周远清同志在谈到建立中国特色高等教育思想体系的必要性时提出，我们的社会是中国特色的社会主义社会，那么，我们的高等教育必须是中国特色的高等教育；要建设与中华优秀传统文化相适应的中国高等教育思想体系；中国高等教育有成功的经验也有失误的教训，应当总结一下，哪些是正确的东西；要学习、借鉴世界各国高等教育成功的经验。周远清同志对中国特色高等教育思想的阐发来自中国教育改革发展的实践，具有鲜明的时代特征。20世纪90年代初，周远清同志组织对我国高等学校的现状进行调查，通过调查提出，我国高等学校的教学工作存在令人担忧的状况，整体上可以归纳为三种情况：一是部分学校的教学工作正在"滑坡"，个别学校出现严重"滑坡"；二是部分学校出现"滑坡"的趋势；三是一些基础好的学校也存在"滑坡"的潜在危险。他还分析了出现"滑坡"的主要原因：一是受社会环境的影响；二是学校的教学工作存在的"四个投入不足"。其中后者则是最主要的原因，"四个投入不足"是指"学校领导对教学工作的精力投入不足，教师对教学工作投入不足，学生对学习投入不足和教学经费投入不足"。"四个投入不足"的分析后来被高校普遍认可。如何解决来自实际的问题，周远清同志从我国高等教育的实践出发，采取了"一般号召和个别指导相结合"的工作方法。一是向各高校提出要正确对待市场经济发展中出现的不良现象对学校教学工作产生的负面影响，认清学校改革发展的形势。坚持把培养人才作为学校的根本任务，教学工作是学校经常性的中心工作。二是对少数学校进行教学工作合格评估。这次对高校教学工作评估主要是从学校的定位、办学思想，教师队伍，专业和课程建设，教学条件，教学管理，学风，学生的知识、能力和办学特色等方面开展。评估采用了"解剖麻雀"的方式，用事实教育、说服高校提高认识，自觉解决"四个投入不足"的问题。通过这次评估以及后来根据不同办学情况而开展的教学工作随机评估、水平评估、优秀评估等几类评估，有力地推动了全国高校进一步明确办学指导思想，加强教学基本建设，促进高校主管部门关注高校教学工作，增加高校经费投入，为高校提高人才培养质量提供必备的条件。虽然这只是周远清同志工作的一个侧面，但不难发现其思想之源是来自中国高等教育发展的实践，来自对中国高等教育的深切思考，周远清高等教育思想以鲜明的时代意识，从实际出发提出问题、解决问题，事实与哲理同在，感性与理性并存，具有战略思维和辩证思维。

（二）坚持以实践的观点对待教育问题

存在决定意识。20 世纪 90 年代初，研究者曾参加教育部组织的调查组在北京和西安的部分院校进行教学工作调查，讨论教学评估方案和参加教学工作合格评估（试点），后来又曾参加对天津、山东等地几所高校进行教学工作合格评估工作。在这一阶段的评估工作中，我们深切感受到周远清同志不仅能从实际出发调查研究，归纳问题，承认矛盾的普遍性、客观性和特殊性，还能针对客观实际采取正确的工作方法，为解决问题打开工作局面。在评估工作的专家反馈意见会上，所有被评估学校的领导都表示，教育部的教学工作评估对高校教学工作是一次准确的会诊。几个高校领导都表示："合格评估方案中有办学特色这一指标，我们原来都没敢想办学特色。通过评估，看到教育部是真心帮助我们，希望我们办出特色。"还有的省教育主管部门领导表示："评估了一所高校，带动了一片高校，也包括我们省教育主管部门。"专家组代表教育部考察评估学校教学工作，不是居高临下给被评估高校贴标签，而是引导高校认真做好自评，以评促建，重在自建。此次创造性贯彻评估工作方针，做到提出问题、解决问题与提高学校和主管部门的办学积极性的统一；参与评估的工作人员既是专家也是朋友还是学生，集三种身份于一身；评估的目的与实际效果是一致的。在后来的教学评估中，研究者越来越深刻地感悟到，周远清同志反复强调的"实践的观点是辩证唯物论的认识论之第一的和基本的观点"的重要性。周远清高等教育思想用源于实践的深层次认识来指导实践，在实践中不断提高对实践主体的认识，确保实践持续进步，体现了具有普遍意义的"实践—认识—实践"的科学认识论逻辑。

二、思想之核：坚持教育协调发展

周远清高等教育思想中关于协调发展的思想是对马克思主义普遍联系观点的进一步思考，是其思想的内核。20 世纪 90 年代初，国内不少高校热衷于扩大规模、增加新专业。一些省（市）教育主管部门也希望尽快增加高校数量。对此，周远清在1992年召开的第四次全国普通高等教育工作会议上，提出"高等教育应当规模、质量、效益、结构协调发展"的观点。此后，他又曾多次阐述我国高等教育协调发展的原因，归纳起来有以下几点：一是从新中国成立以来高等教育经过"上下起伏"曲折历程的教训；二是从高等教育与国家近期和长期建设发展需要考虑；三是要尊重高等教育自身的发展规律。他认为，教育体制改革、教学改革、教育思想和观念改革，就如同三个乐章，构成了整个高等教育改革的协奏曲。"协奏曲"中体制改革是关键，教学改革是核心，教育思想、教育观念的改革是先导，三个乐章分别是"关键""核心""先导"。只有把它们三个协调好才能演奏成完整的协奏曲，这个旋律只用一个独奏是无法达成的，而三个乐章协调起来才能奏出新颖而美妙的旋律。这个新颖而美妙的旋律就是创新，是多方面的协调为创新提供了条件。同样，"高等教育改革是一场深刻的革命，涉及方方面面，不能单打一"，"规模、质量、结构、效益协调发展"，为高等教育创新发展提供有利条件；而"培养人才要知识、能力、素质综合提高"，为培养创新人才打下有利条件。在学校工作上，他提出："培养人才是学校的根本任务，教学工作是学校工作的主旋律，提高教学质量是学校永恒的主题。"在人才培养上，他强调："知识、能力、素质三要素综合提高。人才的素质包括四个方面：思想道德素质、文化素质、业务（即科学）素质、身体和心理素质。"从以上诸观点可以看出，周远清同志对中国高等教育理解深刻，并在实践中科学运用"事物普遍联系和发展"的唯物辩证法的总观点，其思想体现了唯物辩证法的总特征。唯物论辩证法认为事物的联系具有普遍性、客观性，而且还具有条件性。"条件是对事物存在和发展产生作用的诸要素的总和。"只有协调诸要素之总和，才能对事物和人的活动有支持作用。由此可见，高等教育协调发展的观点是以实践为基础的科学性与革命性的统一，这是周远清高等教育思想之核。

三、思想之根：历史唯物主义精神

（一）正确看待中国高等教育的历史

周远清同志指出，1927 年国民党统治时期到中华人民共和国成立的 22 年间（包括抗日战争时期），中国高等教育主要是半封建半殖民地教育。但这个时期在中国共产党领导下的革命根据地，也举办了苏维埃大学、抗日军政大学等新型的高等教育。这些为数不多的新型大学是黑暗中的星星之火。从中华人民共和国成立到党的十一届三中全会近 30 年的时间里，周远清同志认为，应该肯定的是，中华人民共和国成立前的高等教育为中国高等教育发展打下了基础，积累了经验。他以历史唯物主义的态度看待这 30 年高等教育的发展。周远清同志认识到，广大教育工作者和学生及教育科学研究专家，在党的教育方针指导下积极探索，艰苦努力所做的一切，是这个时期的主流。他说："不能用今天否定昨天，明天否定今天。"

（二）树立科学的人才培养质量观

习近平总书记指出："我们要明确，社会主义的根本任务是解放和发展生产力。"在科学技术迅速发展的今天，掌握现代知识技术的人，是社会生产力中最积极的因素，"从这个意义上说，科学技术是先进生产力的集中体现和主要标志，是第一生产力"。如前所述，周远清同志提出："人才培养要注重知识、能力、素质的综合提高。"1993 年底，周远清同志主持制定了《高等教育面向 21 世纪教学内容和课程体系改革计划》（以下简称《计划》）。《计划》着眼于为即将到来的新世纪培养国家所需要的"知识、能力、素质综合提高"的人才，具有明显的前瞻意识和战略思维。正如时任国家教委主任朱开轩同志对《计划》的批示："富有远见，意义重大。"

周远清同志关于人才培养质量的观点深深影响了中国的高等教育发展。他强调："不重视人才培养和教学工作，是办学指导思想不端正的一种表现。"周远清同志要求各级教育主管部门和高校领导提高对"培养人是学校的根本任务"理念认识，并积极推动教学成果奖励地位的提升。在周远清同志的引领下，2002—2007 年，辽宁省教育厅在本科院校新增（含试办）专业的评估和省级精品课的评审中，不断增大高等教育服务地区经济社会发展的力度，使辽宁省的高等教育办学经费逐年增加，教学条件不断改善。通过高等教育教学评估、教改立项、新增专业评估以及精品课评审等活动，在高等教育实践教学各项的内容中都不同程度增加了综合性设计性实验的要求，这些为培养未来更好适应科学技术发展新领域新职业人才奠定了坚实的基础。

（三）具有强烈的社会责任感

2000年11月，周远清同志担任中国高等教育学会第四届会长。他曾说："学会的工作也是一项事业，需要有人去奉献、去探索。"在担任中国高等教育学会会长期间，他通过与地方省政府（或省教育厅）联合举办高等教育国际论坛的形式，为我国高等教育科学研究者与世界同行搭建平台，推动我国高等教育学研究走向世界，促进文化交流与借鉴。此外，为了提高研究生培养水平和质量，他在高等教育国际论坛上设立"高等教育学博士生分论坛"。周远清同志的创造性工作取得了丰硕成果，开创了中国高等教育科学研究的新局面，赢得了教育界的高度赞扬，同时也引起了教育部对高等教育科学研究的进一步重视。2004年4月，教育部办公厅印发《关于进一步加强高等教育科学研究机构建设的意见》，极大地推动高等教育研究机构的建设。2012年11月，党的十八大在北京召开。周远清同志受到党的十八大精神的鼓舞，兴奋地说："展望未来必须坚定不移地走中国特色社会主义道路。"他以坚定的历史唯物主义的立场、观点对待我国高等教育改革和发展的历史性成绩，这也是他即使离开领导岗位，但仍坚持参加高等教育科学研究的原因之一。这是一种高度热爱中国高等教育、献身高等教育的精神，是一种不忘初心、牢记使命的情怀。

四、思想之法：辩证思维方法

周远清高等教育思想的形成过程，一直伴随着明显的辩证思维方法。以周远清的三篇文章《我的素质教育情怀》(简称《情怀》)、《我的教学改革情结》(简称《情结》)、《我的教育思想研究情愫》(简称《情愫》)为例说明。他提出:"教学工作总目标是提高学生的全面素质。"又说:"教学改革是核心,教育思想和教育观念改革是先导。"由此,周远清把素质教育,教学改革和教育思想研究这三个内涵不同的事物联系起来,将三者作为一个系统(简称"系统")进行研究。这三者在"系统"中是相互促进,科学发展的。

首先,"在思维中把对象各部分本质的方面按其内在联系有机地结合在一起"。这是辩证思维方法中的分析与综合。本质方面的内在联系就是高等教育的人才质量。素质教育、教学改革和教育思想、观念,这三个方面虽然内涵不同,但都是为培养人才服务的,如同数学里三个不同集合的交集。基于此,周远清同志提出"知识、能力、素质是培养人才的三要素",这个引起高等教育界人士普遍关注的创造性新思想将知识、能力、素质融为一体,是适应新时期要求的崭新的高等教育人才观、质量观。这个崭新的高等教育人才观、质量观推动"系统"的各部分相互促进、科学发展。

其次,从抽象到具体的方法推动"系统"深入发展。周远清提出了从"三注"(注重人才素质提高,注视创新能力培养,注意学生个性发展)到"三提高"(提高大学生的素质特别是文化素质,提高教师的素养特别是文化素养,提高大学的品位特别是文化品位),再到"三结合"(大学生文化素质教育与教师文化素养的提高相结合,文化素质教育与思想政治教育相结合,人文教育与科学教育相结合)的理念。它们构成了一个内容丰富、联系密切、涉及培养人才方方面面的系统。该系统的形成一方面加深了高等教育研究者对素质教育的理解，以文化素质教育作为素质教育的突破口，具有普遍意义；另一方面，推动教学改革的深入，进一步端正办学思想。"三注""三提高""三结合"体现了新的教育理念，也拓展了教育研究的视野，为教育研究这棵常青树增添了新的土壤。综上说明："对辩证思维而言，重要的是从抽象上升到具体。这是一个以抽象为逻辑起点，通过各种形式的逻辑中介，达到以思维具体为逻辑终点的运行过程。"

最后，以辩证思维方法对待素质教育、教学改革和教育科学研究取得的成绩，提出仍需努力的方向。以素质教育为例，在《情怀》的结尾，周远清同志写道："要看到素质教育的开展还有许多问题，理论上的探讨还需加强。与国外的一些教育思想的关系仍需加强研究。除文化素质外的其他几方面素质的探讨与实践仍需加强。"在《情结》《情愫》里也有今后需加强的愿望。

通过对周远清在工作实践中推动"系统"各个方面相互促进科学发展的分析，集中反映了周远清高等教育思想的辩证思维方法。"辩证思维方法是现代科学思维方法的基础和原则，现代科学思维方法是辩证思维方法的深化和展开，二者的结合体现了人类思维方法在哲学与具体科学中的发展。"

（本文原载《现代教育管理》2022年第12期）

大改革、大发展、大提高、建强国
——周远清的"教育人生"

王静修

　　周远清教授是我国教育领域中少有的三界全能。他从一线教师、科研工作者、教学管理者，一步一个脚印地做到教育部副部长、高等教育学会会长，曾长期担任中国高等教育改革发展的掌舵者和领路人。他重研善思，是集专家、行家和当家于一身的教育理论家和实践家。他曾概括自己说："这一辈子主要的精力在教育行政管理和教育研究上，所以应该说是教育的一生。"他也喜欢用"四情"（素质教育情怀、教学改革情结、教育研究情愫和高教强国情缘）来概括自己最为倾心的教育关切。在谈起自己所钟爱一生的中国高等教育事业近三十年的发展时，他喜欢用"大改革、大发展、大提高、建强国"12个字来概括，我国高等教育发展的这12个字，实际上也最能体现他的"教育人生"。

一、大改革：设计者与舵手

  1992 年 8 月，周远清调任国家教委高等教育司司长，正赶上我国开始全面建立社会主义市场经济体制的重要时期，相应地我国高等教育体制也进入了重要的调整时期。是时，他提出"体制改革是关键，教学改革是核心，教育思想观念的改革是先导"的理念，带领我国高等教育界开启了轰轰烈烈的"大改革"时代。周远清认为"大改革"主要包含三方面：一是开放，开放本身就是改革；二是体制改革，主要是管理体制、办学体制、招生就业体制、经费筹措体制、学校内部管理体制等五大体制改革，这些改革使中国的高等教育基本上适应了社会主义市场经济体制；三是教学改革，通过一手抓体制改革，一手抓教学改革，大力提高教学质量，使中国高等教育越来越符合教育发展的规律。

（一）体制改革是关键：构建符合中国国情的高等教育运行体制

  我国 20 世纪 90 年代的教育改革，主要是为了在市场经济体制下理顺国家、社会、学校的关系，建立既适应社会政治、经济、科技文化等发展需要，又符合高等教育自身发展规律的新体制。因为建设社会主义市场经济是一项前无古人的探索，所以，高等教育的体制改革也没有现成道路可以借鉴。在这种情况下，周远清提出走民主化、科学化、法制化道路，大力倡导民主之风，组织专家学者进行论证，虚心听取一线教师和学生的建议，反复研究，调查论证，注重试验和经验总结。他非常重视将改革成果以法律的形式巩固下来，正是在他的主持下，我国第一部《高等教育法》于 1998

年 8 月 29 日通过，并于 1999 年 1 月 1 日正式实施。

在具体工作中，周远清非常重视思想建设，强调要从观念上认清改革的实质，提出变"对口"为"适应"的观念，以积极应对市场经济新形势。他善于抓主要矛盾，将管理体制改革确定为高等教育体制改革的重点和难点，充分论证，精心组织，态度积极，操作稳妥。根据工作实际，及时总结出了"提高认识，做好规划，善用大势和精心操作"等工作经验，带领大家充分利用当时国家部委进行大调整的机遇，扎实稳定地推进了国家对大学的管理体制改革。鼓励大家以中国实际为基础积极试验，大胆探索适合中国人自己的发展道路。敏锐地捕捉到当时兴起于广东、天津等地的学校"共建"经验，并适时推广，探索出了有中国特色的大学"共建"模式，一举打破了原来大学间存在的条块壁垒。

另外，在法律上理清政府与大学的责任和关系以后，明确指出有必要建立一个符合中国国情的高等教育评估机制。认为评估是教育体系中不可缺少甚至是推动教育发展的重要措施之一，建立一个符合中国国情的学校评价系统是政府转变职能，进行宏观控制，提高高等教育质量非常重要的一件事。明确指出评估只是一种手段而不是目的，提出评价评估效果的"三个有利于"（是否有利于高等教育事业的发展、是否有利于高等教育的改革、是否有利于高等教育质量的提高）标准和"以评促建（促进学校的教学基本建设）、以评促改（促进教学改革）、以评促管（促进教学管理水平的提高）"原则，提出要"评建结合，以评促建，重在建设，引导学校把主要精力放到加强学校内部的建设、改革和管理上"，"评估必须符合中国的国情，评价的指标体系必须有很好的导向性，要能反映教学工作的一般规律，符合实际情况"等观点。这些论述初步为实施市场经济体制后国家对高校的宏观管理探索出了一条新路。

（二）教学改革是核心：坚持人才培养是学校的首要任务

学校工作的主旋律是教学，教学改革是学校的核心改革，提高教学质量是学校的永恒主题，本科教学是高校教学工作的基础。所以，一直提倡要强化教学声音，提高教学地位，认清教学在学校工作中的首要地位，使教学质量上一个台阶。指出教育改革的目的就是要提高教学质量，最终都要使教学水平提高，否则改革就不能算成功。这些观点深刻阐释了"教学改革是核心"的基本思想，为我国高等教育的改革发展提供了基本准绳。

在实践中，周远清主张教学改革要积极稳妥进行，落实到最基层，受益到学生。他围绕教学改革的总体目标是提高学生全面素质的根本要求，提出思考和研究教学工作必须要从学生受益的角度出发，结合本国国情和教育、学生的实际，虚心、认真地学习外国经验并加以消化吸收；要从教学内容、人才培养模式和教学方法上下大决心进行改革。他认为大轰大嗡的办法是不可取的，也不提倡一刀切、一阵风，强调各个学校要根据自身条件有计划地推动教学改革，不要摆虚架子、花架子，扎扎实实地进行教学基本建设，像专业（学科）建设、课程建设、师资队伍建设、学风建设和基地建设等一定要大力加强。

教学内容与课程体系改革是教学改革的核心、重点和难点。周远清指出在教学内容体系改革时要特别注意两点：一是要研究本门课程与人才素质培养的关系。强调根据每门课程的特点使学生在素质方面受到特有的训练和培养，而不仅仅是单纯地传授知识；二是要处理好课程内容和结构体系的关系，指出要根据学生的学习规律而不仅仅是工作需要来确定课程内容，强调要从培养学生素质的角度，拓宽教学体系，使学生有更多更宽的知识面。为此，周远清主导并推动了我国"面向 21 世纪精品课程教材建设"，为我国新世纪高校加强素质教育和提高创新人才培养打下了深厚基础。

教学方法的改革是教学改革的"牛鼻子"，是深化教学改革的切入点和突破口。周远清从我国传统上过于注重知识传授，而忽略对学生能力和素质培养的角度，论述了进行教学方法改革的必要性。指出了教学方法问题上升到教育思想层面，就是一个以谁为本、培养什么人的问题；教学方法的先进与否，直接影响创新人才的培养和使用，这涉及教师水平，涉及教学的内容和组织，牵一发而动全身。他根据自己的教学实践和管理经验对教学方法的改革从动力、保障和目的的角度提出了三个指导性建议：一是改革的前提、先导和动力是要有先进的教育思想；二是改革的根本保障是要有一支高水平的师资队伍；三是改革的最终目的是要培养高素质的人。这些建议对当今我国探索创新人才的培养方式仍有重要指导意义。

（三）教育思想观念的改革是先导：素质教育是中国特色的高等教育思想

周远清认为，高等教育在国家现代化发展中的"引领"作用首先是思想的"引领"。只有确立一个合乎教育规律、反映时代特征的教育思想和观念，高等教育改革才不会迷失方向、误入歧途。为此，他从改革的一开始就全面动员大家积极进行思想观念的更新，鼓励大家解放思想。他指出，教育思想和观念决定着大学的人才培养模式，影响着大学的专业设置、教学内容和教学方法，直接关系人才培养的质量。教育思想是高等教育改革发展的灵魂，要积极探索建立中国特色的高等教育思想，以避免改革发展的盲目性、分散性。

我国传统上对学生的培养过多地关注知识传授而不注重学生的素质提高。因此，大力提倡学校要转变教学观念进行素质教育，提出要从教学内容、教学方法以及教师素质上进行转变和改造。他认为，素质教育是有中国特色的全面教育思想，在大学中强调素质教育是教育思想观念的改革中最重要的改革。素质主要可以归纳为思想道德素质、文化素质、科学素质或者业务素质以及身心素质四个方面。其中思想道德素质是根本，文化素质是基础，业务素质是本领，身心素质是本钱。他说，提高素质的教育就叫素质教育，在一个高素质人的身上，人文素质和科学素养往往是有机地融为一体的。全面推进素质教育，必须重视人文教育和科学教育的结合。素质教育不是一个教育模式，而是一个教育思想。不存在从专业教育转向素质教育的问题，而是要加强素质教育、注重素质教育。高等学校的素质教育，应渗透到专业教育中，贯穿于人才培养的始终，要通过人才培养模式、教学内容、课程体系、教学方法以及教育过程的整体优化来实现。据此，他指出，教育思想的改革要从"三注"开始：一要注重素质教育；二要注视创新能力的培养；三要注意学生个性的发展。他强调，素质教育的灵魂是"教人做人"。一个高质量的人才应该是知识、能力和素质的完美统一。其中知识、能力往往只能解决如何做事的问题，而解决如何做人的问题则必须依靠素质教育。因此，只有将三者有机结合，才能使学生既学会"做事"，又学会"做人"，达成真正理想的教育。正是基于这样的认识，周远清认为，我国 21 世纪的高等教育在人才培养上，必须要强化素质意识，把提高素质作为人才培养的基点，站在素质的高度上来研究提高人才培养的质量问题。

二、大发展：奠基者与帮手

关于大发展，周远清认为主要体现在两个方面：一是大学发展的高度，体现为"211 工程"和"985 工程"，这使建设学校的整体实力显著提高，既缩小了这些学校与世界一流大学的差距，也带动了我国高等教育的整体水平的提高；二是大学发展的广度，体现为学生规模的大发展，这使我国高等教育规模迅速扩大，达到世界第一，成为名副其实的高等教育大国。以上两个层次的大发展使我国高等教育整体实力和竞争力得到很大提高，为建设高等教育强国打下了坚实基础。

（一）遵循教育规律，加强教育研究

教育是一个复杂的系统，是一门决策性很强的科学，有其自身规律，违背了它总要受到惩罚。因此，需高度重视高等教育研究工作，大力鼓励和支持高校教育的学科建设，支持高校建立教育研究机构，倡导高校领导加强教育理论和实践研究。反对简单地将其他学科术语直接引入到教育学科的建设当中，反对不加分析地借鉴国

外经验与理论，提倡结合高等教育学科特点将我国的具体实践作为研究重点，走中国人自己的高等教育发展道路。为此，周远清始终将研究作为发展高等教育的首要任务，曾亲自组织和领导了"建设有中国特色社会主义高等教育理论要点研究""21世纪的中国高等教育""遵循科学发展，建设高等教育强国""中国特色高等教育思想体系研究"等大型研究，取得了一系列重要理论成果，对我国高等教育的发展起到了极大的促进作用。

（二）开放是前提，改革是动力

周远清曾将中国30年高等教育大发展的经验总结为"开放是前提，改革是关键，质量是中心，理念是先导"四句话。他认为，开放打破了封闭状态，扩大了视野，促进了科学技术和文化、知识的交流，大大增强了我国高等教育的实力；改革是我国高等教育事业发展的动力和源泉，是发展的关键。他指出，由于科学技术、知识和经济的快速发展，教育不可能一成不变，改革将成为一个常态、一个规律。在不同时期，改革的内容也许会有所侧重和不同，但不改革则没有出路。高等教育只有通过改革，才能不断地与世界和我国科学技术、经济、社会的发展情势相适应，才能创新，才能进步。据此，他强调，我国高等教育在21世纪的发展中一定要增强改革意识，要在借鉴国外先进经验的基础上，注重总结我国优秀传统经验，走出中国人自己的高等教育发展道路。

（三）规模、结构、质量、效益协调发展

对于高等教育发展，周远清始终坚持要按其自身规律进行。他

反对简单地把经济规律套在高等教育发展当中，坚持高等教育发展必须确立与现代化建设战略步骤相适应的发展目标，科学、协调地发展。他最早提出我国高等教育要坚持"规模、结构、质量、效益协调发展"的观点，提出要遵循科学发展观，形成一个高等教育协调发展的良性循环。他强烈反对高等教育发展中的"折腾"现象，反对在发展中重数量轻质量，重速度轻建设，重规模轻结构等不符合教育规律的做法。他反思了我国历史上教育发展的经验教训，认为高等教育发展必须重视这四方面的协调问题。他说，在具体工作中或在某个阶段有所侧重是可以理解的，但从发展战略上说，必须规模、结构、质量、效益协调发展。那种只注意某方面而忽视其他方面的发展一定会"摔跟头"，这既是我国历史经验的总结，也是高等教育发展的规律所在。

（四）精英教育与大众化教育并不冲突

对于规模扩张后，随之而来的高等教育大众化及其所带来的一系列问题，周远清提出要综合考虑各类教育的关系，不要片面地用一种思想来否认另一种思想，从而盲目发展。他主张高等教育要多样化发展，各级各类教育都要发展好。他从不认为大众化教育是对精英教育阶段的超越或否定，对其发展也总是抱着科学和客观的思维。因此，在我国高等教育经过大发展而迅速进入大众化阶段以后，及时提醒大家"不要把精英教育与大众化教育对立起来"。他以发达国家的经验为例告诫大家，一定要高度重视精英教育。他指出大众化教育只是反映一种教育发展现象，而绝不是教育发展的目标。大众化教育与精英教育并不冲突，在建设高等教育强国中都负有重要使命。他强烈反对高等教育大众化后可以忽视教育质量的观点，认为大众化教育只是增加了教育受众、丰富了办学模式，而不是不再需要重视教育质量。各类不同办学模式的大学都有提高质量的问题，既要发展精英教育又要发展大众化教育，而且尤其要注意发挥好精英教育的领军和带头示范作用。

（五）产学研合作是我国高等教育的特色和优势

在明确育人是学校的第一原则以后，周远清坚持教学、科研与社会服务三种功能发展的相辅相成。他说产学研合作的理念最早源于我国坚持的"教育与生产劳动相结合"思想，是我国高等教育领域的一个特色和优势。为此，他大力倡导高等教育在发展中要加强产学研合作，认为国家实行社会主义市场经济以后，高等学校要更加主动地进入到我国经济社会发展的大循环，积极与经济建设相联系，推进产学研结合，服务企业技术创新、人才培养和经济社会的发展。另外，随着我国改革开放的不断深入，周远清还大力呼吁我国高等教育要增强国际意识，积极融入世界经济社会发展的大循环，从而内外循环互相联动，再形成新的循环，打造出世界一流的大学，为经济全球化服务。他认为进入到世界大循环，可以在更高的角度上研究和在更高的起点上实践，为我国高等教育创造更多的发展机遇。

（六）高等教育发展要念好"四本经"

根据多年的实践及观察，周远清主张高等教育发展要时常念好"四本经"。他说，培养人是学校的根本任务；提高质量是学校永恒的主题；本专科是基础；培养人的三要素是知识、能力、素质，这四句话是高等教育发展的"真经"。他强调说，所谓"经"，不是今天念完了明天就不念了，也不是一年念一次、一月念一次就够了，而是要天天念，这才叫"经"。多年来，周远清始终认为，人才培养是学校的首要任务，是其办学水平高低、办学成熟与否的标志和尺度，是高等教育发展的主要目的和最终归宿。他坚持"质量是学校生命线"的观点，强调人才培养质量决定学校对社会的贡献、地位和生命力，是高等教育发展的核心。他认为，本专科教育阶段是一个人知识积累、专业入门、素质养成和世界观、人生观形成的关键阶段，是高等教育发展的基础。他提出人才培养要知识、能力和素质三要素相结合，其中素质最重要，必须将提高学生素质作为高等教育发展中最为重要的任务。他觉得这四本经是高等教育发展中最需要注意的，必须时刻放在心上，不折不扣地执行，只有这样才能把我国的高等教育真正发展好。

三、大提高：呼吁者与鼓手

1999 年以后，我国高等教育开始大规模扩张，迅速发展为高等教育人数第一的大国。此间，周远清始终坚持高等教育的发展必须以提高质量为核心。他指出，我国当代高等教育的发展从六改革开始，历经大发展，之后应尽快进入一个大提高的新阶段，这是一个调整与巩固、全面提高质量的阶段。这个观点是对我国当代高等教育发展阶段的一个科学划分，也是对我国高等教育发展现状的一个理性认识。正是基于这种认识，他一直忧心于大发展后我国高等教育领域出现的一些忽视质量建设的现象，利用一切机会大声疾呼，中国高等教育的发展必须重视质量。

（一）具体论证大提高的内涵

周远清指出，所谓大改革，是指这一时期的高等教育发生了翻天覆地的变化；所谓大发展，是指中国拥有了世界上规模最大的高等教育。他说，我国高等教育发展的大改革阶段主要在体制改革、教学改革、教育思想观念的变革上取得了巨大的成绩，建立了适应社会主义市场经济体制的高等教育发展模式；大发展主要体现在我国高等教育规模有了大的发展，结构发生了巨大变化，办学方面缩短了与世界一流大学的距离。他认为大改革与大发展后应该有全面提高教学质量的大提高阶段。所谓大提高既不是一般的提高，而应该像大改革、大发展那样动员全社会，使所有高校来一个大提高；也不是一般的号召、一般的措施，而应该用强有力的措施来一个大提高。这里他强有力地突出了一个"大"字，从而也将每个阶段的中心任务进行了科学划分。鉴于我国高等教育经过大改革和大发展后已积累了一定的基础，他认为在大提高阶段，要明确提出"建设高等教育强国"的口号，尽快使我国从高等教育大国走向高等教育强国。用"强国"来统领高教战线的思想，花大力气而不是一般的力气，用重大举措而不是一般的举措，使高等教育由大改革、大发展推进到大提高的阶段，要通过大提高逐渐把我国建设成高等教育强国。

（二）呼吁新阶段要以提高质量为中心

周远清始终关注高等教育质量问题，一直把提高人才培养质量作为高等教育的中心工作。当他发现我国高等教育在大发展过程中一度出现"重数量、轻质量"的倾向后，及时发出了我国高等教育要尽快进入以提高质量为中心的新发展阶段的呼声。他指出，以提高质量为中心的阶段并不是说不要改革，也不等于不发展，但是它的重心是在提高质量。只有这样，我们才能使大改革、大发展的成果得到巩固，我们才能建立一个规模比较大、质量也比较高的、先进的高等教育体系。我国高等教育在这个阶段要特别注意几个问题：一是要提高质量意识，21 世纪是质量的世纪，高等教育必须顺应这个时代主题，在大改革、大发展后赶紧转向提高质量这样的内涵式发展上来；二要高度重视教学工作和学风，他一直强调教学是学校的生命、学风是教学的灵魂，呼吁在大提高阶段高等教育要尤其重视学生、重视教学，将人才培养作为自己的第一使命；三要多样化发展，21 世纪是追求个性和创新的世纪，我国各个大学的发展决不能趋同，要分层次办学，办出特色，多样化发展。他不仅深刻分析了大提高阶段的发展使命，还具体指出了这个阶段的发展任务和发展方式，为我国高等教育的新阶段发展指明了方向。

（三）持续强调新阶段的发展要坚持两个理念，抓住两个重点和难点

基于对我国高等教育的发展经历和现实情况的了解，周远清认为，要想搞好大提高阶段的发展，必须要坚持两个理念，抓住两个重点和难点。其中两个理念分别是"坚持本科教学是基础的理念"

215

和"坚持人文教育与科学教育相融合的理念"。他不厌其烦地强调要加强素质教育，认为这是提高教学质量最为根本的思想和理念。至于新阶段发展的重点和难点，周远清指出，抓好教师队伍建设和教学方法改革这两件事是大提高过程中最为重要的工作。他说，办好大学需要大楼和其他基础设施，但关键还是师资队伍的数量和质量。他根据我国高等教育发展的历史，分析了我国高校教师培养中所存在的主要问题，指出培养教师是提高人才培养质量的当务之急，更是我国高等教育能够持续发展的当务之急。他还根据多年的工作经验指出，我国从基础教育到高等教育，教学方法偏死是大家所公认的问题，而中国要培养具有创新能力和自主创新意识的人才，就必须以素质教育思想为指导进行一次教学方法的大改革，这也是打开我国提高人才培养质量大门的一把密钥。据此，周远清从重视本科教育，强化素质教育，建强师资队伍和改革教学方法四方面，进一步阐释了我国高等教育提高质量、提高水平的重点问题，对我国高等教育进入大提高阶段之后的发展关键进行了明确指导，也为我国高等教育在新阶段的发展廓清了思路。

四、建强国：倡导者与旗手

1995 年，在"九五"计划刚开始执行的时候，面对当时高等教育亟需改革的形势，周远清就开始积极思考我国高等教育未来发展目标的问题，曾提出要深入研究"把一个什么样的高等教育带入 21 世纪"和"21 世纪的高等教育发展"的课题。他认为要开创我国高等教育的新世纪，必须要有一个响亮的目标来鼓舞人心。经过深入思考，周远清最早于 1999 年就提出了要"建设高等教育强国"的口号。此后他又不断论证，在多个场合大声呼吁，并通过组织"遵循科学发展，建设高等教育强国"的大型研究，逐渐将建设高等教育强国从学界研究变成了一项国家决策。

（一）高等教育强国的基本内涵

建设高等教育强国是一个系统工程，为达到这个具体目标，首先要弄明白一些基本的理论问题，如什么是高等教育强国，为什么要建设高等教育强国，怎样建设高等教育强国等。其次要从实践上搞明白高等教育大国与强国的区别。高等教育大国的主要标志是规模与数量，而高等教育强国的主要标志是结构与质量。建设高等教育强国必须解决好规模、质量、结构、效益协调发展的问题，重点是提高质量，把各级各类高等教育都做强。周远清特别重视理论方面的研究，曾对高等教育强国的基本内涵进行详细论证。他分析指出，高等教育强国跟世界一流大学一样，难以制定一个具体的指标体系，也没法确定一个专门机构来评定。它只能是国人或世界认同的一个目标，这个目标大概有几项大家都认可的特征：一是它必须为所在国家的经济、社会和文化发展做出过巨大贡献，从而得到国民的一致认同；二是它必须培养出被国际上可比拟和认可的高质量人才，这些人才除成为国之栋梁以外还要能在国际科学和管理舞台上有所作为；三是它必须有一批世界一流或高水平大学，有一批世界一流或先进学科，有一批世界一流或优秀学者；四是它必须是一个开放体系，要有强大的世界吸引力，能吸引国外学者和留学生来华工作、交流和学习；五是要有先进的教育思想和教育理念，有先进的教育科学研究和先进的管理思想和管理制度。周远清从高校贡献、人才培养、学科建设、国际影响和教育理念五个方面大致论述了高等教育强国的一些具体特征，为我国进行高等教育强国的具体建设绘就了美好蓝图。

（二）提出建设高等教育强国的理由

为什么要建设高等教育强国，这既是世界强国发展的经验总结，也是我国经济、社会、文化和教育自身发展的迫切需要。首先，从历史的视角来看，经济强国与高等教育强国相伴相生。科技是第一生产力，要建设创新型国家，成为一流经济强国必须首先建成人力资源强国，就必须要建设高等教育强国。周远清分析了世界经济大国崛起的历史，指出那些能够在较短时间内成为世界强国的国家无一不是先拥有了一个相对强大的高等教育体系。其次，建设高等教育强国是我国经济转型和深化发展的需要。周远清指出我国当前很多高端产品的核心技术仍然掌握在外国人手里，要从根本上解决缺"芯"问题，并获得可持续性发展，就必须依靠科技创新，为此，必须做大做强高等教育，以期能尽快培养出能满足经济、社会和文化发展需要的优秀人才。再次，我国已经取得的经济建设成就为建设高等教育强国准备好了条件。进入新世纪后，我国教育投入逐年增加，这是我们建设高等教育强国的有力保障。最后，由大变强，也是我国高等教育自身发展的必然趋势。我国高等教育经过大改革、大发展而进入大提高阶段，此阶段我国人才培养质量不断提高，世界一流大学建设卓有成效，许多学科达到了国际先进水平，科研能力和创新能力大大提升，高等教育整体实力显著增强。新阶段需要新发展理念，此时提出建设高等教育强国，用"强"字来统领我们的思想和理念，也是我国高等教育自身发展的需要。总之，建设高等教育强国的提出，使我国高等教育不失时机地站到新的历史起点，开始新的历程，已成为我国社会主义现代化建设的必然要求。

（三）论证建设高等教育强国的途径

周远清认为，只有遵循教育规律办事，讲究科学，坚持不懈，才能最终建成高等教育强国。他指出，建设高等教育强国，首先要加强教育科学研究，创新教育发展理念。思想是高等教育发展的灵魂，没有现代化的思想，就没有现代化的高等教育，建设高等教育强国首先要有一定的理论和思想储备。他通过分析世界高等教育的发展历史发现，有影响力的办学思想、办学理念和教育理论是高等教育强国的重要标志。他认为我国当前的教育科学研究基础还很薄弱，并不是每所大学都重视高等教育研究或设有专门的高等教育研究机构，更不是每所大学都拥有高等教育学学科。全国好多高校什么都研究，就是不研究自身的教育，这种现象严重影响了我国高等教育思想的创新。因此，周远清坚定地认为，建设高等教育强国的关键就是要加快建设一批国内外有影响的、高水平的教育研究机构，为我国高等教育的研究和创新提供平台支撑。

另外，周远清认为，建设高等教育强国，要从规模、质量、结构、效益、思想五方面综合努力。在规模上，要适应和促进一个国家经济、社会、科技文化的发展，与其 GDP 水平相适应，与其就业状态相协调；在质量上，各类、各层次的学校都要把提高质量真正作为自己的生命线；在结构上，要建设结构合理且多样化的教育，各级各类高等教育都要办好办强；在效益上，要协调好数量与质量的发展，研究出更合理的校均规模、生师比等，使投入与产出有最好的效益；在思想上，要积极吸收世界高等教育的先进理念，结合我国国情消化吸收，并要在实践上不断探索，构建出中国特色的现代化教育思想。

最后，周远清指出，建设高等教育强国要尊重自己的高等教育文化，走出中国自己的路子。他说，在我国建设高等教育强国的问题上，不能生搬硬套西方的做法。要根据中国具体的政治、经济和高等教育环境，建立中国特色的、能够有效支撑中国现代化建设需求的高等教育体系。他通过分析世界高等教育发展史指出，高等教育是多样化的，每一个教育强国都有自己独特的高等教育思想和理论体系，都走出了自己独特的发展道路。世界上的高等教育并没有共同的发展模式，所谓"教育与国际接轨"的说法不能成立。我们可以借鉴国外的有效做法，却绝对不能照搬照抄外国的模式。他还进一步论证说，增强国际意识，走自己的路已经成为中国人民的共识，我们应坚定建设中国特色的高等教育。

（本文原载《河北师范大学学报（教育科学版）》2023 年第 01 期）

坚持高等教育规模、质量、结构、效益协调发展

——周远清高等教育理论的逻辑探微

侯长林

周远清不仅是我国行政型教育家，还是当代著名的学术型教育家。他先后担任过清华大学教务长、副校长，国家教委高教司司长、国家教委副主任，后改任教育部副部长，并分管高等教育。他在三十多年从事高等教育行政管理及担任社会职务的过程中，以报告、讲话和论文等形式发表了 221 篇文章，共汇编出版了《周远清教育文集》（以下简称《文集》）一到五卷，内容博大精深，尤其是由其高等教育服务观、发展观、改革观、科研观、教师观、文化观和强国观等构成的高等教育理论框架，具有严密的内在逻辑，形成了由高等教育逻辑起点、逻辑主线、逻辑支点和逻辑旨归组成的逻辑闭环。因此，对其高等教育理论进行探微，有着十分重要的价值和意义。

一、逻辑起点：服务和促进国家及地方经济社会发展

一个完整思想理论体系的构建必然有其逻辑起点，就像一座大

221

厦，逻辑起点就是这座大厦的基础。考察周远清高等教育理论，不难发现，其逻辑起点十分明确，那就是服务和促进国家及地方经济社会发展。周远清早期研究教育教学的文章，基本上都是以经济社会发展的需要为牵引，即从经济社会发展需要的角度出发，开展研究。1985年，他在中国商业高等教育学会成立大会上的报告中谈到，他对清华大学教学改革的研究，就是为了适应我国科学技术发展的需要；1989年，他以第一作者身份，公开发表的题为《加强教学基本建设全面提高学生素质》的论文，开篇就提出了这样的观点：主动适应社会需要是大学办学的基本指导思想，适应经济社会需要体现在学校办学的诸多方面，但最主要的还是向社会，特别是向经济建设主战场输送优秀人才。周远清为什么会在他早期研究高等教育的报告或论文中，特别强调社会需要尤其是经济建设需要，也许是偶然，但是到目前为止，纵观他发表的所有关于高等教育理论研究的文章，又让人感到，这似乎不是偶然，而是其高等教育理论形成的必然。因为他后来在宁波"大学校长与企业家论坛"高峰会上的讲话中有明确的说法："为地方发展服务，为区域经济发展服务，这是我们最根本的办学理念和办学思想。大学要以此作为自己的定位和办学理念的出发点。"由于在这里主要是针对地方高校而言的，所以，他强调的是地方高校为地方及区域发展服务，但不等于我国高等教育只为其所处地方及区域发展服务，还要为国家服务，"更好地适应国家现代化建设的需要，这是推进高等教育体制改革的重要立足点"。周远清在这里特别强调的大学办学定位和办学理念的出发点及其推进高等教育体制改革的立足点，自然就成为他的高等教育理论形成的逻辑起点。他将服务和促进国家及地方经济社会发展作为其高等教育理论形成的逻辑起点，是有其理论依据的。世界经合组织的教育研究与改革中心也曾对世界主要国家大学的社会服务途径进行专题研究，发现其主要服务对象也是社区与地方。因此，高等教育为地方发展服务、为区域经济发展服务是世界高等教育发展的趋势。高等教育如何为地方发展服务、为区域经济发展服务？周远清认为，最关键的是产学研结合，具体体现在高校"是地方的人才源、智能源、文化源"三个方面。周远清的这些关于高等教育为国家和地方及区域发展服务的有关论述，虽然文字不多，但是涉及人才队伍建设、学科发展、科学研究、文化建设等方方面面，而这些内容也正是其高等教育理论的主要构成单元，即他的高等教育理论构成的主要单元就是从如何服务和促进国家及地方经济社会发展所生发开来的。没有服务和促进国家及地方经济社会发展是大学最根本的办学理念和办学思想的认识，就不可能有周远清高等教育理论的出现。因此，在这个意义上，完全可以说高等教育服务和促进国家及地方经济社会发展就是周远清高等教育理论的逻辑起点。

二、逻辑主线：坚持高等教育规模、质量、结构、效益协调发展

我国从事高等教育管理和研究的人很多，但是能够形成成熟思想理论的人不多。大凡成熟的思想理论都有一条逻辑主线贯穿始终，否则，就算不上成熟的思想理论。周远清高等教育理论研究涉

及面很广，体系庞大，但庞而不杂、大而不散，且具有严密的逻辑性。是否具有严密逻辑性的重要标志就是看其有没有逻辑主线。周远清从事高等教育管理及其高等教育理论形成的时期，正值我国高等教育大发展的阶段，所以，发展尤其规模、质量、结构、效益的协调发展，就成了他构筑高等教育理论学宫的主题。这个主题也就是其高等教育理论的主线。

在《文集》中，出现频率最高的词语之一就是"发展"，仅就其《文集》中报告或论文的标题看，就有 29 篇文章有"发展"二字，且分散在其《文集》一到五卷之中，即各个时期都有文章在讨论高等教育的发展问题，就是文章标题中没有"发展"二字的也大多涉及高等教育的发展问题，一点都未涉及发展问题的文章很难找到。可以说，"发展"二字或发展问题弥漫在周远清高等教育理论之中，像空气一样无时不有、无处不在。周远清关于高等教育发展的思想十分丰富，其高等教育理论的逻辑起点是服务和促进国家及地方经济社会发展，总体看就是为"发展"服务，即他高等教育理论的逻辑起点是为了发展。从其高等教育理论的主体内容看，尽管纷繁复杂，但是高等教育的规模、质量、结构、效益的协调发展，始终像山之脊梁一样巍巍然地立于峰峦叠嶂的高等教育理论的群山之中，并主宰着他高等教育理论山脉的走势。20 世纪 90 年代中后期，周远清提出把一个什么样的高等教育带入 21 世纪，考虑和思考得最多的就是规模、质量、结构、效益协调发展。他在 1992 年作第四次全国普通高等教育工作会议宣讲提纲时就提出中国的高等教育要走一条健康协调发展的道路，坚持规模、质量、结构、效益协调发展，努力形成协调发展的良性循环。此后，他在每一次重要报告、讲话或发表的重要文章中，只要谈到发展，他几乎都要讲规模、质量、结构、效益协调发展的问题。1998 年，他在中共中央党校高级干部研讨班上的题为《高等教育改革与发展形势》的报告中、在第一次全国普通高等学校教学工作会议上的讲话中、在中澳大学校长研讨会上的讲话中、在《教学与教材研究》1998 年第 3 期发表的题为《质量意识要提升 教学改革要突破》的文章中，以及在接受《中国高等教育》记者陈浩的采访中都谈到了协调发展的问题。在其协调发展观中，他强调得最多的是质量，我国高等教育确实还需要做规模，需要做成高等教育大国，但是在进一步发展数量的同时要更加关注质量，重视质量，只有质量提升才是我国高等教育发展战略中的重中之重，才是高等教育发展的永恒主题。质量上台阶的重要标志是学生的全面发展。关于学生的全面发展，在周远清早期的文章中讨论得比较多，尤其是他在清华大学期间，几乎所有讨论教学问题的文章都是围绕如何培养全面发展的人而展开的。周远清认为，清华大学采取基础雄厚、知识面比较宽等人才培养方案的设计和专业教育人才模式的构建，就是为了促进学生的全面发展。他还积极推动教育与生产劳动相结合，因为他知道这是马克思主义教育学的基本原则，是培养人的全面发展的唯一方法，并认为教育与生产劳动相结合要在整体上使学校的教育适应社会和经济发展的需要、使教育者和受教育者与生产过程中的工农劳动者紧密结合、使受教育者的知识结构能够解决理论联系实际的问题。他非常重视良好育人环境的营造，特别强调要创造一个更有利于学生全面发展的环境。他的关于学校的根本任务是培养人才、教学工作是高校的主旋律、教学方法的改革是整个学校教学改革的牛鼻子、教务处不仅是学校第一大处也是天下第一大处等观点都是真知灼见，而且在他的关于人才培养方面的思考中始终贯穿着一条主线，那就是如何提高学生的全面素质、促进学生的全面发展。而要抓质量还必须坚持走内涵发展之路。内涵发展是我国高等教育更加成熟、办学水平更高和更加尊重高等教育规律的表现。此外，他还十分重视特色发展。因为特色发展也是抓质量的重要措施。他认为中国的高等教育必须考虑中国实际，坚持走中国特色发展之路，我们的高等教育应该是具有中国特色的高等教育，因为是建设中国特色社会主义、提高我国高等教育国际化水平、传承和弘扬中国优秀文化传统，以及总结中国高等教育正反两方面经验教训等之必须。究其根源，要建设中国特色的高等教育还在于教育有其强烈的文化属性。如何才能坚持规模、结构、质量、效益协调发展，走内涵发展之路，涉及需要和可以研究的问题很多，周远清的高等教育理论研究就是在这些关于高等教育协调发展问题的线条上展开的。如果说以高等教育协调发展为主体的发展理论是周远清高等教育理论的树干的话，那么，他的高等教育改革理论、科研理论、教师队伍建设理论、文化建设理论等，都是这根树干上的枝条或叶片。正因为以高等教育协调发展为主体的发展理论在周远清高等教育理论中有如此重要的地位，所以才会有他的肺腑之言："回顾近 30 年我国高等教育的发展、大学的发展，会感到兴奋不已"。

三、逻辑支点：高校教学改革、教育改革和体制改革；高校教师队伍、文化建设和高等教育科学研究

（一）高校教学改革、教育改革和体制改革

在周远清高等教育理论之中，关于高等教育改革的理论文章很多，所占比例较大，但综合起来看，主要表现在三个方面：一是高校教学改革观。周远清对教学工作及教学改革有深厚的情感，他认为能不能将教学改革引向深入，关键是看学校领导的态度，学校领导不重视，教学改革很难推动，要想把教学改革工作做好做到位，学校领导就应该把教学改革真正放在心坎上、放在核心的位置上。关于高校教学改革的方向，他认为是学生全面素质的提升，即高校的教学改革要围绕学生的全面发展进行。在教学改革中，他认为要紧紧抓住学科与专业建设、基地建设、课程建设、学风建设进行教学改革，但是对教学内容和体系的改革要积极慎重，不可草率从事，在教学方法上要处理好建与改、教与学、严与学的关系。总之，高校教学内容与教学方法的改革是教学改革的重点与难点，但不管教学工作如何改革，最终都要落实到提高人才质量上来，因为提高教学质量才是学校发展的永恒主题。二是高校教育改革观。周远清认为，教育改革的先导是教育思想、教育观念的改革，教育改革要处理好教育与社会和人的发展的关系，尤其要重视文科教育改革，处理好知识体系与价值体系、弘扬中华民族文化与吸收外国优秀文化成果、基础学科与应用学科、学术研究与教学、文科教育与其他学科教育的关系，要重视文科教育领域的意识形态问题，把好重要教学成果和教材的政治关，党委书记要亲自走进课堂听课。三是高校

体制改革观。体制改革是深化高等教育改革的关键，它关系到我国高等教育改革与发展的全局，只有对束缚我国高等教育发展的体制进行变革，理顺了国家、社会和学校的关系，建立了国家统筹规划、宏观管理、学校自主办学的高等教育体制，才能释放高等教育办学的活力，增强其发展的动力，达到高等教育改革的目的。而在高等教育的体制改革中，教育管理体制改革是重点和难点。由于我国高等教育管理体制是在计划经济背景下形成的，已明显不能适应经济社会发展的需要，这种管理体制存在的条块分割、单科类学校太多、高教结构不合理、规模效益比较差等弊端亟待改变。因此，周远清十分关注高等教育管理体制的改革。他认为进行高等教育管理体制的改革，就是要改变原来中央与地方各自封闭办学的状况，形成中央人民政府与省级人民政府两级管理，以省级人民政府对其所属高校统筹为主的管理体制。他之所以重视高校的改革，是因为他知道改革是推动我国高等教育发展的强大动力，在丽水学院校庆大会上的讲话中他还专门讲改革是动力的问题，并重申了《中国教育改革和发展纲要》中关于我国高等教育办学体制改革、管理体制改革、招生就业体制改革、经费筹措体制改革和学校内部管理体制改革五项工作。把这些体制改革工作以及前面提到的教育教学所涉及的改革工作做好了，就能够对高等教育发展产生巨大的推动力。因此，我们要不断推进高校教学、教育与体制改革，发挥其应有的动力性逻辑支点作用，真正推动我国高等教育高质量发展。

（二）高校教师队伍、文化建设和高等教育科学研究

高校教师队伍和文化建设与高等教育科学研究本身就是高等教

育的重要组成部分，是高等教育核心竞争力的重要体现，当然，也是推动高等教育发展的重要逻辑支点。因此，周远清非常重视高校教师队伍、文化建设和高等教育科学研究三个方面的工作。

梅贻琦认为，"所谓大学者，非谓有大楼之谓也，有大师之谓也"。可见，教师之于大学是多么重要。因此，在这个意义上说，教师尤其是教授就代表了大学。教师的发展就是大学的发展，教授的水平就是大学的水平。所以，周远清十分重视教师队伍建设，他认为要不断提高高校教师队伍的整体素质，充分发挥教师的作用，是高等教育改革与发展的主要内容和提高高等教育质量的关键性问题，因为有了高水平的师资队伍就会有改革的动力，就会有比较高的办学质量和办学水平。那么，如何进行师资队伍建设？周远清的看法是，师资队伍建设要有方向，高水平教师队伍体现在方方面面，但师德是灵魂。因此，对教师要有比较高的道德要求，同时要关心教师的生活待遇，解决青年教师住房困难问题，尤其是解决从事基础教学的青年教师的困难。

大学是文化的机构，大学是文化的大学。大学文化的进步，就是大学的发展。对此，周远清有深刻的认识，他认为文化与教育本来就具有同根性，不仅要努力提高大学的文化自觉与素质教育的自觉，还要从教育教学过程中努力挖掘文化、发展文化，使高校真正成为文化的源泉，不断释放文化的能量，推动大学的发展。因此，说大学文化建设是高等教育发展的重要方面一点不为过。周远清非常重视大学生文化素质提升问题，他认为提高大学生的文化素质，是世界各国高等教育关注的热点，加强文化素质教育有利于培养全面发展的人。要强化大学生文化素质教育，首先需要提高大学教师以及高校领导和管理干部的文化素质，这就内在地要求大学应该有比较高的文化品位。由提高大学生的文化素质、提高教师的文化素质与提高大学的文化品位构成的"三提高"，是我国文化素质教育向纵深发展的内在要求。他认为进行文化素质教育既要在"素质"上下功夫，真正着眼于人的素质的提升；又要在"思想"上下功夫，转变教育观念，更新教育思想；还要在"文化"上下功夫，因为文化素质教育的精髓、魅力和特点都在"文化"。与此同时，还要积极推进科学教育与人文教育的融合，因为科学教育与人文教育的融合是实施素质教育的关键，是高等教育发展的必然要求。他特别重视中华优秀传统文化，将建设我们中华民族的精神家园、弘扬中华优秀传统文化看作是大学的历史使命。他对和谐文化建设进行了专门论述，认为和谐文化对中国高等教育改革与发展具有深远的战略意义，是教育界非常重要的任务，要用和谐文化引领校园文化并付诸实践。他也非常重视高校学风建设，认为学风是一种文化，是一种治学精神，是一种无形的育人力量和一门未列入课表的必修课，是培养高质量人才的基础和前提。

高等教育发展是一个非常复杂的系统工程，有人才培养规律、科学研究规律、学科专业建设规律、社会服务规律、文化建设规律等，违背这些规律都会受到规律的惩罚，影响大学的发展。而高等教育科学研究就是探索高等教育规律的活动。发现和探明高等教育发展规律，是办好高等教育的基础。连大学为何和何为大学都没有搞清楚，怎么可能办好大学。所以，管理好大学的前提是把大学读懂。要使教育行政管理人员和广大教师读懂大学，就需要搞好高等教育科学研究，揭示高等教育发展规律。因此，周远清得出了这样的结论：没有高水平的高等教育科学研究很难有高水平的高等教育，高等教育科学研究水平在一定程度上反映了国家高等教育发展水平。他还关注了院校研究，认为在我国高等教育大发展的过程中进行院校研究尤为重要和迫切。他认为应加快建设在国内外都有影响的高水平教育科学研究机构，推动高等教育学相关博士点和硕士点建设，培养一批当代教育家和高等教育专家，把高等教育科学研究做强，努力建设一支高水平的教育科研队伍，构建具有中国特色的高等教育思想体系。在他的眼里，不重视教育研究和教育发展的领导是不合格的领导，不重视教育科学研究的高校校长是不成熟的校长。为此，他呼吁教育行政领导和大学校长都应该重视教育科学研究，甚至应该带头参加教育科学研究，尤其是大学校长应该成为教育家，还要经常地联系研究教育的专家，并听取他们的意见，以便更了解高等教育发展的形势和存在的问题。只有这样，才能推动高等教育发展，发挥高等教育科学研究对高等教育发展的逻辑支点作用。

四、逻辑旨归：推动高等教育由大变强

周远清高等教育理论的逻辑起点是为地方发展服务、为区域经济发展服务，但是其最终的落脚点则是推动高等教育由大变强。要想实现中华民族伟大复兴，从大国走向强国，离不开高等教育的大发展。教育兴则国兴，教育强则国强。建设高等教育强国是中华民族的梦想，也是周远清的梦想。他借用厦门大学赵婷婷教授的话

说："强国"这个词与几个世纪以来我们中华民族的"强国梦"是紧密相连约。他对其一生进行总结，认为自己的一生是教育的一生，而其教育人生可以用"四情"来概括，其中之一，就是高教强国情缘。1999 年，周远清在华中理工大学召开的一次工作研讨会上，明确提出了在 21 世纪我国应该建成高等教育强国的目标。他先后共有 75 篇文章提到建设高等教育强国，其主要观点有：建设高等教育强国是我国经济、社会和文化发展的迫切需要，是我国高等教育发展的必然；建设高等教育强国要从规模、质量、结构、效益、思想五个方面努力，即在 2020 年要制定切实可行而又先进的发展规模目标、要有一批大学成为世界知名乃至先进的高水平大学、我国高等教育结构合理且多样化、既要有数量上的效益也要有质量上的效益、要有现代化的教育思想，尤其要通过大改革、大发展、大提高来建设高等教育强国；建设高等教育强国，需要加强教育科学研究，进行 20 世纪和 21 世纪的中国高等教育研究，尤其要开展建设高等教育强国研究，构建具有中国特色的高等教育思想理论体系，从而建设具有中国特色的高等教育强国。周远清的这些关于建设高等教育强国的理论已经转化为国家意志、上升到国家行为，相信在不久的将来他的高等教育强国梦一定能够实现。如果说为地方发展服务、为区域经济发展服务是周远清高等教育理论的"立地"，那么，推动高等教育由大变强就是其高等教育理论的"顶天"，也就是说，周远清高等教育理论也是我国高等教育理论研究中"立地"与"顶天"相结合的理论成果。高教强国情缘，成就了周远清的教育人生，更给其高等教育理论的逻辑闭环画上了浓墨重彩的一笔！

五、余　　论

　　周远清作为我国"高等教育改革与发展的奠基人"，作为"知行合一的教育家"，既对我国高等教育改革与发展做出了卓越贡献，又形成了他独特的高等教育理论。他的高等教育理论内容丰富，且对很多问题的研究很深入，本文只是从逻辑的角度对其进行框架式的考察，对其涉及的高等教育理论也只是走马观花、浮光掠影的介绍，未能进行深入的研究，比如创新型人才培养、坚持为"三农"服务的办学方向、学科建设是专业建设的重要内容、人文社会科学研究、硕士和博士研究生教育、教师教育、民办高等教育、高职教育、国际教育等，每一个方面都可以进行专题研究，对每一个方面的研究都肯定会得到启示。其实，周远清这些关于高等教育的论述，已经自成体系，并形成了自己的风格——语言朴素、直白，但内涵深刻，道出了许多高等教育的精髓！因此，周远清确是我国改革开放后高等教育发展史绕不过的教育家！

（本文原载《铜仁学院学报》2023 年第 02 期）

试论周远清的学术谱系
——基于素质教育的宏观视野

张祖群

一、周远清学术谱系

（一）涉及领域

以中国知网为数据源，截至 2023 年 2 月，以"周远清"为作者（剔除重名、非教育类文章）检索到 314 篇相关文献（包括 270 篇期刊论文、29 篇会议论文、15 篇报纸论文）。这些文献客观反映了中国教育改革的历程，折射出周远清在中国高等教育等方面的真知灼见。周远清涉足领域十分广泛，发表论文中包括高等教育（222 篇）、教育理论与教育管理（25 篇）、中等教育（11 篇）、计算机软件及计算机应用教育（9 篇）、职业教育（8 篇）、自动化技术与教育（4 篇），涉及教育经济体制改革等多方面内容。同时，其著作在人文社科领域的各个分支也多有所涉及，足见其学术广博精深。

以检索到的 314 篇文献作为基础数据，导入 CiteSpace3.8.R5 软件进行分析。参数设置：检索时间为 2023 年 2 月；采用陈超美教授开发的科技文本挖掘及可视化软件 Citespace，将时间分区设置为一年，绘制知识图谱，得到与其相关的共现网络、知识基础和发展脉络可视图；由于关键词是论文的核心，是文献主题和内容最主观、最直接、最集中的表述；通过关键词可以清晰地描绘出文献作者所在研究领域的主题，并通过关键词共现便于挖掘出各研究主题之间的关系。故对关键词进行聚类后呈现出贡献图（见图1），其圆圈面积及其字号越大表示其背后包含的聚类关键词越多，其中共聚类13项，呈现出"高等教育强国""高等教育改革""我国高等教育""文化素质教育""人文教育""教学改革"等13个关键词聚类集群。

图1　周远清关键词聚类贡献图

（二）学术分期

在关键词时序图谱中（见图2），图中交叉疏密代表的是关键词频次，频次越大，交叉数越多。连线表示这个关键词与其他包含这个关键词的文章的共现关系，图下方对应不同关键词在该作者文章中第一次出现的年份。根据年份改变，作者的研究领域的变化，可定位作者在研究过程中，每一个新的关键词第一次出现的时间及在其领域进行的方面研究内容（见表1）。

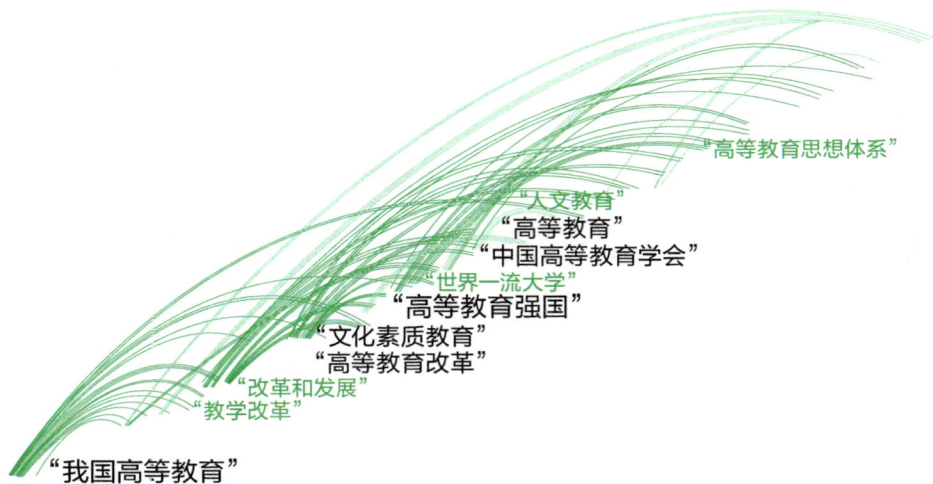

图2　周远清文献 1985—2023 年关键词时序图谱

表1　周远清主要著作（论文）发表时间

年份/年	2023	2022	2021	2020	2019	2018	2017	2016	2015	2014
篇数/篇	0	0	2	1	2	0	3	3	10	5
比例	0	0	0.64%	0.32%	0.64%	0	0.96%	0.96%	3.18%	1.59%
年份/年	2013	2012	2011	2010	2009	2008	2007	2006	2005	2004
篇数/篇	5	11	13	16	13	24	13	10	7	15
比例	1.59%	3.50%	4.14%	5.10%	4.14%	7.64%	4.14%	3.18%	2.23%	4.78%
年份/年	2003	2002	2001	2000	1999	1998	1997	1996	1995	1994
篇数/篇	22	20	18	18	12	11	15	12	5	9
比例	7.01%	6.37%	5.73%	5.73%	3.82%	3.50%	4.78%	3.82%	1.59%	2.87%

年份/年	1993	1992	1991	1990	1989	1988	1986	1985		
篇数/篇	3	5	2	3	2	1	2	1		
比例	0.96%	1.59%	0.64%	0.96%	0.64%	0.32%	0.64%	0.32%		

（检索日期：2023 年 3 月 27 日）

依据周远清主要著作（论文）发表年份及其关键词时序图谱，可以将周远清的学术历程分为四个阶段：

第一阶段，1992 年以前：这一段时期为周远清学术思想的初创萌芽期。在清华大学任教的周远清积累了丰富的教育管理经验，期间合著发表的论文主要覆盖科技与教学（工科）方面，为新兴技术学科的发展和提高直接或间接地创造条件，并初步为我国高等教育发展指明了方向、确定了任务。

第二阶段，1992—1997 年：这一时期为周远清学术思想的酝酿期。先后任高教司司长、国家教委专职委员、国家教委副主任，发表的论文也集中在文化素质教育和高等教育改革方面。在经济体制转轨的这一时期，高等教育的发展也进入一个新的历史时期。

第三阶段，1998—2007 年：这一时期为周远清学术发表的高产期，发表的论文以独著为主。1998 年改任教育部副部长之后，分管高等教育工作，为适应 21 世纪的发展，这一时期国家对高等教育改革实行共建、合并、调整的方针，中国高等教育管理体制发生了重大变化。周远清就提出"三注"（注重素质教育、注视创新能力的培养、注意个性发展）与"三提高"（提高大学生的文化素质、提高广大教师的文化素质、提高大学自身的文化品位）。从

237

"三注"到"三提高"，这是他对高教改革的一个重要贡献，显示了他探索高等教育改革的智慧，体现了中国高教改革在思想观念上的转变。

第四阶段，2008年—今：这一时期为周远清学术发表的稳产期。这一时期周远清发表的论文涉及教育科研、文化建设、农业农村教育等，范围十分广泛，体现了周远清晚年思想的多元化与深厚的文化底蕴。

周远清主要著作（书）发表年份表见表2。

表2　周远清主要著作（书）发表年份表

著作名	出版社	出版年份
《周远清教育文集》（三）	高等教育出版社	2007年
《高等学校文化素质教育新探讨》	山东大学出版社	2011年
《周远清教育文集》（四）	高等教育出版社	2013年
《论素质教育思想》	高等教育出版社	2015年
《周远清教育文集》（五）	高等教育出版社	2016年

（笔者根据资料整理）

（三）被引用情况

以CNKI被引数据库为基础（见图3、图4），周远清所著文献总"被引"5 245篇，总"他引"5 234篇，其中以"高等教育"为关键词引证文献数量最多，马陆亭引证周远清著作文献数量最多。王静修（中国地质大学）在继承与发扬周远清教育思想基础上，出版学术专著《中国高等教育现代化的构建与反思》（知识产权出版社，2017年4月）《中国当代高等教育现代化的实践与探索：以周远清教育实践为例》（高等教育出版社，2019年9月）。

对周远清学术引注与学术继承成就了中国学术界一批素质教育、高等教育学者，体现出周远清对我国高等教育及国家教育发展起到显著的引领作用。

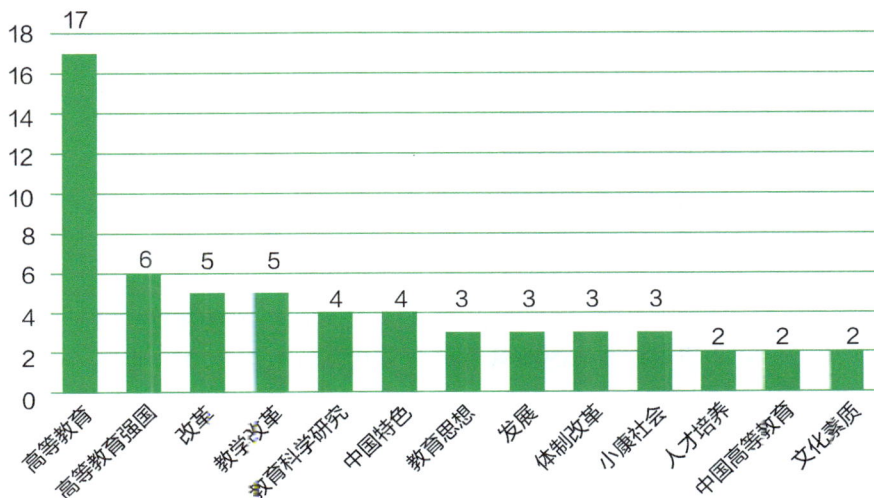

图3 周远清文献关键词被引频次

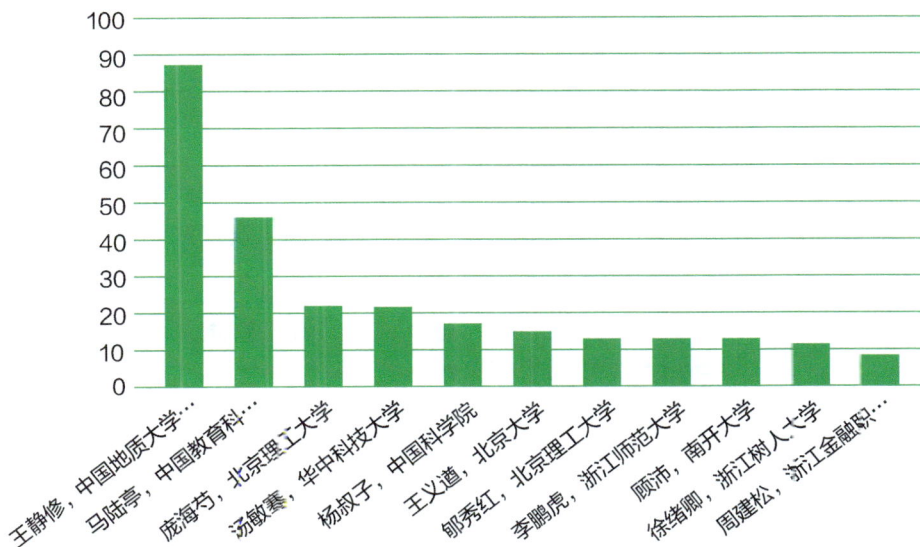

图4 引证周远清文献作者及其机构

从周远清主要著作中，被引排名前 30 位的论文可以看出（见表 3）：《中国高等教育》《中国大学教学》《中国高教研究》《学位与研究生教育》等教育类杂志对周远清文章极为赏识，构成他发表教育思想论文的主要阵地。周远清基本上以独著为主，体现其思想的成熟和学术的独立人格。

表 3　周远清主要著作中被引前 30 位的论文

排名	独著或合著	论文出处	被刊引次数
1	独著	《素质 素质教育 文化素质教育——关于高等教育思想观念改革的再思考》，《中国高等教育》2000 年第 8 期	212
2	独著	周远清：《高等教育体制的重大改革与创新》，《中国高等教育》2001 年第 1 期	163
3	独著	周远清：《素质 素质教育 文化素质教育——关于高等教育思想观念改革的再思考》，《中国大学教学》2000 年第 3 期	155
4	独著	周远清：《质量意识要升温 教学改革要突破——在全国普通高校第一次教学工作会议上的讲话》，《高等教育研究》1998 年第 3 期	148
5	独著	周远清：《积极发展专业学位研究生教育 培养更多高层次应用型专门人才》，《学位与研究生教育》2001 年第 5 期	115
6	独著	周远清：《加强文化素质教育　提高高等教育质量》，《教学与教材研究》1996 年第 1 期	90
7	独著	周远清：《精品课程教材建设是教学改革和教学创新的重大举措》，《中国高教研究》2003 年第 1 期	87
8	合著	周远清；刘凤泰；阎志坚《从"三注"、"三提高"到"三结合"——由大学生文化素质教育看高等学校素质教育的深化》，《中国高等教育》2005 年第 22 期	78

排名	独著或合著	论文出处	被刊引次数
9	独著	周远清:《我国高等教育改革与发展的回顾与展望》,《高等教育研究》2001 年第 1 期	76
10	合著	"中国特色高等教育思想体系研究"课题组（周远清,瞿振元,陈浩,刘献君,别敦荣,周光礼,宣勇）《中国特色高等教育思想体系举要》,《中国高教研究》2017 年第 4 期	72
11	独著	周远清:《大改革 大发展 大提高——中国高等教育 30 年的回顾与展望》,《中国高教研究》2008 年第 1 期	72
12	合著	周远清:《素质·素质教育·文化素质教育——关于高等教育思想观念改革的再思考》,《清华大学教育研究》2000 年第 3 期	70
13	独著	周远清:《开展一次教学方法的大改革——在"首届中国大学教学论坛"上的讲话》,《中国大学教学》2009 年第 1 期	68
14	独著	周远清:《和谐文化建设与中国高等教育》,《中国高教研究》2007 年第 3 期	65
15	独著	周远清:《挑战重理轻文 推进人文教育与科学教育的融合》,《中国高教研究》2002 年第 1 期	61
16	独著	周远清:《挑战重理轻文 推进人文教育与科学教育的融合》,《清华大学教育研究》2002 年第 1 期	55
17	独著	周远清:《素质教育是体现中国教育方针性的教育思想》,《中国高教研究》2011 年第 1 期	52
18	独著	周远清:《加强大学生文化素质教育要逐步规范化和制度化》,《高等教育研究》1998 年第 4 期	44
19	独著	周远清:《树立新的教育理念 推进科学教育与人文教育的融合》,《中国大学教学》2002 年第 Z1 期	42
20	独著	周远清:《在更高层次上推进人文素质教育与科学素质教育的融合》,《中国高教研究》2010 年第 7 期	42

排名	独著或合著	论文出处	被刊引次数
21	独著	周远清：《加速高教管理体制改革势在必行》，《中国高等教育》1998 年第 2 期	42
22	独著	周远清：《中国高等教育的改革与发展》，《清华大学教育研究》1997 年第 1 期	42
23	独著	周远清：《21 世纪：建设一个什么样的高等教育》，《中国大学教学》2001 年第 2 期	41
24	独著	周远清：《新世纪要把教育质量提到战略高度来认识》，《中国大学教学》2002 年第 2 期	39
25	独著	周远清：《建立符合中国国情的评估体系》，《中国大学教学》2004 年第 7 期	31
26	独著	周远清：《在更高水平上推进文化素质教育》，《中国大学教学》2002 年第 1 期	31
27	独著	周远清：《我的教学改革情节》，《中国高教研究》2015 年第 9 期	30
28	独著	周远清：《落实科学发展观 提升高等教育发展理念》，《中国高等教育》2004 年第 Z2 期	30
29	独著	周远清：《高等教育改革发展的强音：建设高等教育强国》，《中国高等教育》2008 年第 Z1 期	27
30	独著	周远清：《提高质量是教育改革发展的关键》，《中国大学教学》2011 年第 11 期	26

（查阅中国知网后整理）

二、周远清对于素质教育的宏观学术视野

周远清从步入我国高等学府清华大学历经九年的学术积累，到

扎根基层体验生活，再回到清华大学从事教学与管理工作，而后调至教育部分管高等教育工作。他的学术专业为科技领域的研究提供了理论与实际指导，他的工作经验积累为中国高等教育的改革提供了明确方向。

（一）对科技领域的深入贡献

在科学技术领域，周远清主要从事智能机器人的研究，以及三视图智能输入和理解系统的研究。他曾任清华大学智能技术与系统国家实验室主任、清华大学机器人研究所所长等职务，并兼任中国科学院、北京大学有关国家实验室学术委员。他讲授过"微机原理""计算机控制""智能机器人系统"等本科生和研究生课程，著有《智能机器人系统》《计算机控制》等著作，主编《计算机应用》丛书（10 本）和《人工智能》系列丛书。无论何时科技创新人才都是推动社会文明进步和快速发展的重要资源。自 1979 年我国实行改革开放至今，随着科技创新保障机制不断改进与完善，科技创新人才与成具不断涌现。以周远清为代表的思想家、改革家、实践家，在党和各级政府的大力支持下大胆改革，奋力进取，为我国科技创新作出不可磨灭的贡献。从科技介入教育改革，反映当年理工救国、实业救国的主流呼声，他在科技领域的深入贡献受到高教战线广大理论工作者和实践工作者的高度认同和赞誉。

（二）对素质教育的深入理解与中国化

教育领域也是周远清有突出贡献的方面，他具有浓厚的素质教育情怀、改革情结、教育研究情愫。他深入研究高等教育理论和实

243

践，勤于笔耕，发表了大量有关高等教育的论文，并先后主持了"建设有中国特色社会主义高等教育理论要点研究"和国家哲学社会科学"九五"规划重点项目"21世纪的中国高等教育"等大型课题的研究工作。

1. 从"三注"到"三提高"再到"三结合"的教育理念

1994年底，提出了"三注"（即"注重素质教育，注视创新能力培养，注意个性发展"），将素质教育的理念引入高等教育。周远清在《突出特色 重视个性 为人才强国战略做出新的贡献——在2004年高等教育国际论坛上的讲话》等场合多次提出与强调：创新能力的培养在于学生高素质的养成和个性的充分发展。经过多年调研与教育实践，周远清形成"特色—个性—人才强国战略"的教育思想。

不能离开素质教育和个性发展孤立地讲创新能力的培养。1995年，主要是针对当时高等教育中所存在的重理轻文、培养模式单一、专业面窄、人文教育薄弱等弊端，他提出"加强大学生文化素质教育"，想通过这项改革探索高等教育的教育思想观念和新型人才培养模式，致力培养文理兼修的高素质人才。1998年以后，文化素质教育进入推广和提高阶段，他提出了深入开展文化素质教育必须注重"三提高"（即"提高大学生的文化素质，提高大学教师的文化素养，提高大学的文化品位与格调"）。这进一步拓展、丰富了文化素质教育的内涵，使教育工作进入发展的新阶段。随后几年，我国的高等教育也进入一个进一步深化改革和更加注重质量的历史时期；"三结合"即文化素质教育与教师文化素养的提高相结合，文化素质教育与思想政治教育相结合，人文教育与科学教育相结合。周远清认为：科学和人文，从人类文明的黎明时期开始，本来就是结合在一起的，在人类历史的漫长道路上，两者始终是持久伴侣，自然界和人类社会本身就是和谐统一的体系。由于我国长时期的文理分科，使得学生发展不全面、人文教育与科学教育的融合十分缓慢。周远清认为不应该重理轻文，意在表明文理结合、自然科学与人文社会艺术科学结合是实施素质教育、培养创新人才和取得原创性科研成果的关键性措施。

周远清提出"三注"是对原有重知识传授和能力培养高等教育思想观念的突破，而进一步明确的"三提高"，即高等教育的人才培养思想，是在素质教育理念层面上的又一次升华和飞跃，最后落实到"三结合"，使得中国的高等教育得到质的发展。

2. 从教育到素质教育再到文化素质教育的教育思想

素质在不同的领域有着不同的解释。在心理学上指人的某些先天特点；也可指事物本来的性质、素养等。在教育中谈及的素质，应该更准确地理解为通过后天培养、塑造、锻炼而获得的身体上和人格上的性质特点。

基于规避应试教育的独特中国语境诞生了素质教育。周远清认为以提高人才素质作为重要内容和目的的教育就是素质教育，而人才的素质应该包括：思想道德素质、文化素质、业务素质、身体心理素质。素质教育培养的应该是全方位发展的、注重内在人格修养的新型人才。周远清在此基础上，结合五六十年代"给学生干粮不如给学生猎枪"到二十世纪九十年代的注重素质、强调"做人"，阐述了贯穿素质教育的三个要素：知识、能力、素质。在转型时期，高质量的人才应是知识、能力、素质的高度和谐和完美统一，高等学校人才培养目标就是要培养基础扎实、知识面较宽、能力强、素质高的人才。

文化素质教育，可以说是素质教育的基础。周远清于 1995 年针对当时我国高等教育改革的实际提出在高等学校开展加强大学生文化素质教育工作。长期以来我国高等学校人才培养方面存在着一些偏颇与不足，其中人文教育薄弱尤其突出，周远清提出"文化素质教育"具有重要性、必要性。周远清认为文化素质教育要实现"三提高"，一个文化素质较高的大学生，无论在专业学习上还是在实际生活中，都要学会如何用科学的思维方式、积极的理念指导去实现人生价值和社会价值。这体现周远清教育理念的融合与成熟。

3. 教育中的国际意识、素质意识与改革意识的相结合

21 世纪是一个更加开放、更加融合的时代，所以教育改革下要实现的素质教育也要有国际色彩。所谓国际意识，即教育要面向世界，加强与世界各国的交流，取其精华、去其糟粕，从而增强我国高校的世界影响力、实现我国高等教育的完善与发展。只有经济的增长是不足以支撑一个国家屹立于世界之林的，只有文化教育也提高并带动起综合国力的增强才能让中国变得强大。

高中的政治课本提到：改革是社会发展的直接动力，自然也应是教育发展的直接动力。在周远清的眼中，对于高等教育来说，改革是永恒的，不改革就会停滞甚至倒退。而对于教育改革，就是要改掉那些我国和世界发展不相适应的落后部分，继承与发展我国高等教育进程中的优秀部分，并学习和借鉴世界上成熟的、先进的模式以致创新形成中国特色。素质意识在上文中也反复提到过，周远

清认为素质教育是一种教育思想，不是一种模式。思想道德素质是根本，文化素质是基础，业务素质是本领，身体心理素质是本钱。所以在我国致力于培养这种综合素质的人才的大环境下，当代大学生也要培养自觉意识，在这种文化氛围中促进自身的全面发展。

2014 年 6 月 6 日，周远清在西北大学（太白校区）图书馆报告厅为全校师生作了题为《大学素质教育：源头 基础 根本》的专题报告。大学素质教育的源头是提高民族素质、提高劳动者素质；大学素质教育的基础是文化，尤其是中国优秀传统文化；大学素质教育的根本任务是培养人才。周远清教授认为：良好的学风与素质教育相得益彰，学风建设是大学没有列入培养计划的必修课，学风是一所大学办学水平的标志，是立德树人的保障。周远清教授根据自身的体会，强调大学只有念好了"四本经"才能承担起素质教育的使命：一是培养人是学校的根本任务；二是提高质量是学校的永恒主题；三是本科生教育至关重要，是教育的基础；四是"知识、能力、素质"是培养人的三要素（见图 5）。

时隔 8 年之后的 2022 年，教育部颁布《中共中央 国务院关于全面加强新时代大中小学劳动教育的意见》《教育部关于印发〈大中小学劳动教育指导纲要（试行）〉的通知》等文件。回顾 40 多年来中国高等教育的发展变化，中国高等教育发生了翻天覆地的变化，一些思想观念发生转变和解放。这种转变所产生的巨大能量，培养了大批科教兴国人才，深化了高等教育改革，提升了我国高等教育的综合实力。今天来回顾中国高等教育学会大学素质教育研究分会成立十周年的学术历程，追溯素质教育在中国兴起、反复、曲折与达成共识，显得尤为重要。每个人都是在巨人和前辈肩膀上往前推进一小步。在素质教育推进过程中，一个人的学术思想要与时代同频共振。学术需要尊重，挖掘与继承典型学者、典型时代的典型观点，将自己的学术书写在时代的浪潮中，将自己的学术融入时代同频共振。

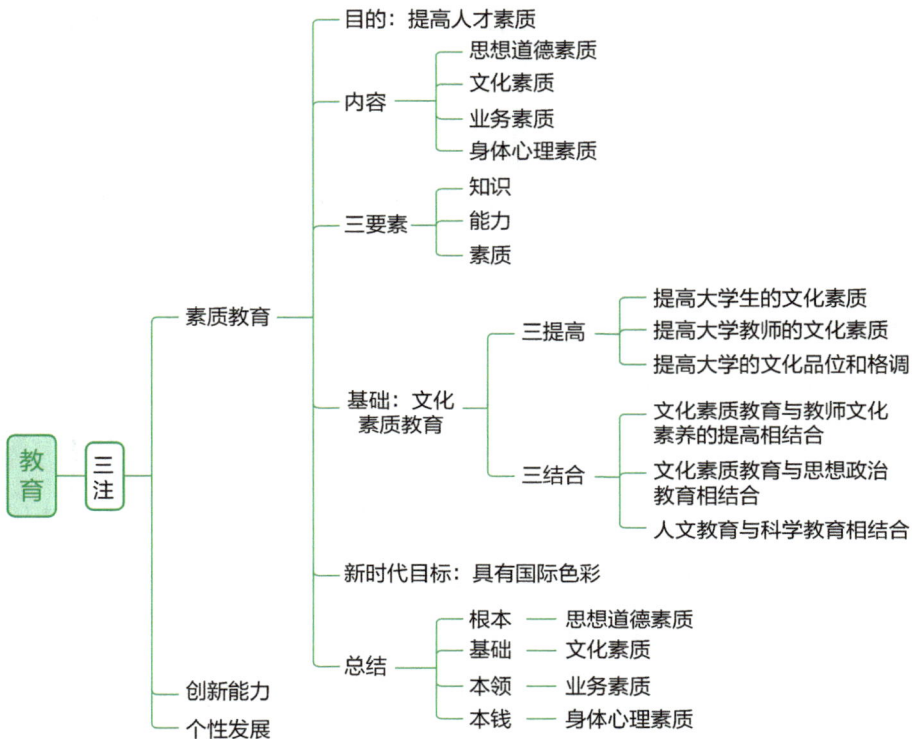

图 5　周远清素质教育思想框架

三、研　究　展　望

（一）弘扬中华优秀文化，建设中国人民的精神家园

随着全球化的加速与深化，外来文化对本地元素的冲击越来越明显，与此同时，由于过度追求经济发展，利己主义观念或多或少

深入内心。面对这一严峻的形势，弘扬中华优秀文化显得尤为必要。周远清先后发表如《弘扬中华文化是我国大学的历史使命》《努力提高两个文化自觉》等文章强调了源远流长、博大精深的中华文化的重要地位。从历史的长河来看，大学的重要功能就是传承、实践、创造文化。从这一意义出发，大学就是传承文化、实践文化、创造文化的场所。优秀的传统文化滋养了大学，大学同样承担着传承、实践、创造文化的重任。可以将周远清的文化自觉观点归纳为：培养强烈的文化使命感、将文化建设融入教育的全过程、积极推动文化的发展与创新。由此可见，大学教育应继承源远流长的中华优秀文化，并在新时代不断吸收、创新、发展，让大学形成浓厚的文化氛围以潜移默化地塑造高素质大学生。

（二）创新发展理念，全方位推动国民素质教育提升

1999 年 6 月，《中共中央　国务院关于深化教育改革全面推进素质教育的决定》明确指出：实施素质教育，其根本宗旨就是提高国民素质。作为一种现代教育思想和理念，素质教育是中国教育界基于本土实践、遵循现代人类的发展和教育规律，并吸收了古今中外优秀的教育文化传统而探索形成并创立的，其内容包含了鲜明的中国特色和表达方式。在《中国特色高等教育思想体系举要》一文中，周远清提到，素质的提升和发展是人优异发展的核心因素与能量聚积，由此可见，素质教育的工作重点是以人为本，培养学生综合能力和创新精神，它不仅包括知识、技能、态度和价值观等方面，还要考虑学生的个性、兴趣和特长等因素。因此，周远清在《推进素质教育创新教育方法》一文中也提到，知识、能力、素质

是素质教育中的三个要素，并且相辅相成；高质量的人才应是知识、能力、素质的高度和谐和完美统一。周远清不断在教育领域实践和总结，在《我的素质教育情怀》一文中提到：1994年他归纳出素质教育的"三注"，即注重素质教育，注视创新能力的培养，注意学生个性的发展，素质教育要坚持以德育为核心，以学生为主体，以教师为主导，以课程为载体，以改革为动力，以社会为依托，实现教育的内涵发展和质量提升。大学教育应该突破传统的思维框架和束缚，实现科学、协调、可持续的发展，全方位推动国民素质教育提升。

（三）高瞻远瞩推动建设教育强国、人才大国

在党的十一届三中全会召开前夕，邓小平于1978年提出了"教育是一个民族最根本的事业"的重要论断。1992年10月12日，江泽民同志在党的十四大报告中提出：我们必须把教育摆在优先发展的战略地位，努力提高全民族的思想道德和科学文化水平，这是实现我国现代化的根本大计。2002年11月党的十六大召开，时任总书记胡锦涛始终把教育放在优先发展的战略地位，提出实施"人才强国"战略、建设"创新型国家"等重大决策。"科教兴国"战略升华到一个新高度，体现了党和国家坚持教育优先发展战略的决心和意志。2006年1月党中央召开第三次全国科学技术大会，全面确立了"科教兴国"在我国经济社会发展全局中的战略地位。2017年10月，习近平总书记在党的十九大报告中提出：优先发展教育事业。建设教育强国是中华民族伟大复兴的基础工程，必须把教育事业放在优先位置，深化教育改革，加快教育现代化，办好人

民满意的教育。要全面贯彻党的教育方针，落实立德树人根本任务，发展素质教育，推进教育公平，培养德智体美全面发展的社会主义建设者和接班人。他还强调要"加快建设学习型社会，大力提高国民素质"。2018 年，习近平总书记在全国教育大会讲话中指出："教育是民族振兴、社会进步的重要基石，是功在当代、利在千秋的德政工程，对提高人民综合素质、促进人的全面发展、增强中华民族创新创造活力、实现中华民族伟大复兴具有决定性意义。教育是国之大计、党之大计。"和"培养什么人，是教育的首要问题。2035 年中国发展的总体目标建成六个强国，首要的是教育强国，国家文化软实力显著增强。"习近平总书记在党的二十六报告"办好人民满意的教育"章节中，坚持教育优先发展，坚持以人民为中心发展教育，专门提到"发展素质教育"。我国是中国共产党领导的社会主义国家，我们的教育必须把培养社会主义建设者和接班人作为根本任务，培养一代又一代拥护中国共产党领导和我国社会主义制度、立志为中国特色社会主义事业奋斗终身的有用人才。这是教育工作的根本任务，也是教育现代化的重要目标。

　　在跨世纪的中国高等教育大改革序幕中，无论是管理体制改革，还是高校本硕博招生改革，无论是大学教学改革，还是高教资源配置与整合，综合素质教育始终是不可忽视的重要组成部分。周远清作为 20 世纪末至 21 世纪初这一特殊阶段我国高等教育教学改革的主要推动者，他高屋建瓴，提出培养人的知识、能力、素质三要素等教育理念，推进了一系列文化素质教育改革举措，在中国高等教育史上具有划时代的里程碑意义。周远清从步入我国高等学府清华大学学习到在清华大学任教再到教育部分管高等教育工作，多年积累了丰富的教育经验，发表多篇关于高等教育发展问题的学术文章，形成了见解独到、具有理论与实践意义的教育理念。同时周远清其他领域的思想也或多或少地涉及教育，体现出当代教育的重要性，表明在 21 世纪这个转型的时代综合国力竞争中教育的支撑力量。在"科教兴国"的政策下，建设教育强国、人才大国的必要性，这也是时代发展的必然趋势。周远清代表了我国高等教育工作者高举中国特色社会主义理论大旗，全面贯彻党的立德树人教育方针，建设高等教育强国实践的思想升华与高度总结。

高等教育的"黄金时代"

邢西武

我于 1985 年 6 月调入国家教育委员会（1998 年 3 月 10 日更名为教育部）高等教育一司办公室，做行政秘书工作。

1990 年高等教育一司、二司合并为高等教育司。

1992 年 5 月，高等教育司领导换届，新上任的司长周远清，来自清华大学。

他 50 岁出头，个子不高，微胖，挺有精神，还不自觉地带着清华人的"傲气"。听说他是从教师，教研室副主任、主任，教务处副处长、处长，副教务长、教务长，副校长一个台阶一个台阶上来的，对学校情况、教学管理工作的每个环节都非常熟悉，有丰富的经验和较强的管理能力。开始还不以为然，觉得一个学校的领导，即便是清华大学，他也只是对一个学校的微观管理，对于整个高教战线的宏观管理能否胜任，还不好说。

周远清到任即受命筹备"第四次全国普通高等教育工作会议"（国务院牵头的会议），这次会议是在一个重要时期（邓小平南方谈话和党的十四大确立了建立社会主义市场经济体制的目标）召开的，它确定了我国高等教育改革与发展的方向、路径和政策，对我国高等教育事业产生深远影响。周远清的思想格局、工作作风、组织协调能力、亲和力……在这项工作中初露端倪。

让人意想不到的是，在跨世纪的档口（2000年11月），我被组织安排做他的秘书，并一起工作了十余年。我对他有了更多的了解，也有幸经历了中国高等教育跨世纪的历程。

1939年5月5日，周远清出生于湖南省桂东县寨前镇水湾村一个普通农民家庭，父母都是善良、勤劳的农民，以务农为生。

桂东县（千年山中小城）位于湖南省东南部，地处湘赣边界，罗霄山脉腹地，湘江支流沤水上游，面积1 500平方公里，海拔800米，森林覆盖率82%，自然资源丰富，风光旖旎；中亚热带气候，夏无酷暑，冬无严寒，温暖湿润，四季如春。

它属边远山区，山高谷深、重峦叠嶂、沟壑纵横、岭谷相间。历史上交通不便、信息闭塞，但民风淳朴、物产丰富。

它是革命老区，是《三大纪律·八项注意》的颁布地，工农红军长征的首发地，可算革命圣地。

周远清天资聪慧，4岁时，因父母农事繁忙，无暇照顾，他就跟着大孩子一起到"小伙伴学"（桂东寨前小学、初小）里去耍，图的是有人管。结果是，他的成绩总是前几名。高小、初中（县一中）在桂东县完成，高中考入衡阳市一中，离家很远，住校。

边远山区经济落后，生活条件艰苦，在桂东县读书期间，学生都是自己带米和干菜到学校解决吃饭问题。在衡阳读高中时，周远清是靠贫困学生助学金生活，学习成绩却出类拔萃。

1956年参加高考，他并不知道如何填报志愿，也没考虑过要学习什么专业，只因他的成绩优秀被清华大学选中。那一年，在衡阳及以南的几个地区数以万计的考生中，他是唯一的。

父母都是文盲，在儿子漫长的求学路上，不可能给他什么指点。但他们赋予了儿子生命和人性中的善良、正直和勤劳，让他受益终生。

去清华大学的行程也不轻松，从桂东到衡阳已有长途汽车，车票6元钱。而步行需三天时间，路上吃一顿饭只需1~2角钱，住宿也是1~2角钱，这样可以省下不少钱。这位优秀的山村学子因经济困难别无选择，只能步行。三天的山路崎岖坎坷（每天走100多里），对他来说，好像是无拘无束的远游。他舍不得穿妈妈给他做的新鞋，把鞋收好，光着脚走路。到衡阳一中申请了路费，只背了一个书包登上了去北京的火车。到了清华大学，口袋里只剩一元钱。至此，生活中的问题学校都解决了，还有淋浴洗澡（以前没见过），让他感到无比幸福。

周远清本科、研究生都是学自动控制专业。本科6年、研究生3年，1966年3月毕业留校任教。从1956年进入清华读书，到1966年在清华工作，再到1992年调离清华，一共在清华36年，难怪一身的"清华"味道。

周远清是个孝子，他不论身份如何变化，也无论身在何方，都心系家乡（他对家乡的教育作了很多贡献，算是对家乡的回报吧）和老母亲（当时他父亲已去世）。几乎每年他都要回去看望老人家，我们一起工作的10年间，我就陪他去了6次。长沙到郴州走高速需4个多小时车程，再往桂东县150公里山路也需3~4个小时车程，去一趟不是轻松的事。我最后一次陪他去是给两位老人扫墓，他为母亲的墓碑刻上："平凡而伟大的母亲"。

周远清身为国家教育委员会高等教育司司长，没有官架子、官场气，和同志们打成一片；做事实实在在，不搞花架子，简单明了，雷厉风行，绝不拖泥带水；思想敏锐，新思路频频，全神贯注工作，没有兴趣去琢磨琐事，算计得失。他的行为模式，在单位里开一股新风，调动起大家的积极性和工作热情。以前，大家到办公室先沏一杯茶，看看报纸，打打电话……如领导没有布置工作，就处理些其他事。总之，节奏比较舒缓，工作比较被动。现在，是整个部门的人共同在下中国高等教育这盘大棋，一起学习、讨论、研究，集思广益、群策群力、分工合作，精神面貌、工作作风与以往大不相同。不仅提高了工作质量和效率，也在战线上树立起新的形象。慢慢地，这股风也感染并带动了整个高教战线的变化。

"第四次全国普通高等教育工作会议"筹备半年，高等教育司全体同志在周远清带领下，到全国多地开展大量的调研工作，听取了相关省市领导、教育行政部门、部分高校及教育专家的意见，召开多次研讨会、座谈会，形成了主文件和相关文件。

我感觉，这个会议筹备的过程（办公室参与了这项工作的条件保障和服务），如同一个大的战役，面临的诸多困难就好比一个个山头。由于调动起机关和整个战线的积极性，最终攻下了全部山头，取得完胜。这一战役的前敌总指挥就是周远清。

这次会议的特点是实事求是，敢于承认问题和不足，从理论与实践两个层面提出建立有时代特点的高等教育体系，并从教育思想及一系列教育活动的实施中推进。

这次会议的历史意义是科学的、系统的、全面的高等教育改革起步。

此后，整个高教战线掀起教育思想的大讨论，以达到明确方向、目标和思想，创新观念的目的。

抓实体制改革这个重要工程，为落实全面改革提供制度和政策保证。

教学内容和课程体系是教学工作的核心，必须升级换代，要面向世界、面向 21 世纪。

大胆回归，弥补人文精神，培养健全人格。

提出"规模、结构、质量、效益"协调发展。

……

20 世纪 90 年代中、后期，整个高教战线在科学、理性的指导下，又一次活跃起来，爆发出前所未有的活力，出现轰轰烈烈、欣欣向荣的局面，也调动了地方政府的积极性。

"1995—2005 年，教育方面变化最大的是高等教育。其间，各项重大改革全面展开，其广度深度前所未有，其发展速度也是史无前例的。"（张保庆：《心路》，第 34 页）

1995 年，周远清升任国家教育委员会副主任，分管高等教育，真正成为中国高等教育系统的"掌门人"。

他思想活跃、思维缜密并勇于实践，改革措施一个接一个，环环相扣，克服重重困难，步步推进。其中的秘诀用周远清的话来说，就是"一个问题、做法要想透了才提出来"。也听到有人说，湖南人做事有股犟劲，总是迎难而上。

他的过人之处是富于前瞻性。90 年代中期，他已开始思考"要把一个什么样的高等教育带入 21 世纪"。

首先提出的是"高等教育面向 21 世纪教学内容和课程体系改革"计划。该计划被时任国家教育委员会主任朱开轩誉为"富有远见，意义重大"的改革计划。在经费拮据的情况下，完成这项非常紧迫的战略任务，周远清采取了行政部门与出版社"联姻"的方式，既解决了经费投入的问题，又使出版社获得丰厚的利润，得到空前的发展。

他的思想及倡导的改革实践活动，在全国高教系统得到了广泛的认同和支持，形成了一个合力，使中国高等教育雄赳赳地挺进 21 世纪。还有一个宝贵的"副产品"——训练和培养出一支"跨世纪"的高等教育人才队伍。

国家经济体制、政治体制改革的不断深化，为教育体制改革提供了有利的条件，也成为推动高等教育体制改革的动力和机遇。中国高等教育的领导者们在国务院领导支持下抓住这一契机，在高教领域实现了一场深刻变革。

1985 年 5 月 27 日《中共中央关于教育体制改革的决定》的颁布，把教育体制改革工作列上日程。

1992 年 11 月第四次全国高教会、1994 年国家教委在上海召开的高等学校管理体制改革座谈会已厘清思路、明确方向，并正式开始试点、操作，迈出重要步伐，取得明显进展。

2000 年 2 月 12 日（阴历正月初八，春节长假后第一天），国务院办公厅批复教育部、国家计委、财政部《关于调整国务院部门（单位）所属学校管理体制和布局结构的实施意见》，借此春风，该项系统工程开始大张旗鼓地推进。

中国高等教育体制改革在跨世纪过程中的一个重大战役是高校

"合并"。

1994 年 3 月 16 日，四川大学与成都科技大学合并组建四川联合大学；1998 年 12 月，该校更名为四川大学；2000 年 9 月 29 日，华西医科大学并入四川大学。

1998 年 9 月 15 日，由浙江大学、杭州大学、浙江医科大学、浙江农业大学合并组建的浙江大学揭牌。

2000 年 2 月 12 日，国务院上午开会确定了高等教育体制改革的总体方案和时间表，下午，教育部高等教育司立即传达并组织落实，迅速从相关部门抽调 15 名干部组成工作班子，分五个小组进行工作。由此，面向 21 世纪高等教育体制改革和布局结构调整工作中的压轴戏拉开序幕。

我是工作班子成员之一，所在小组分工去湖南、上海。

湖南是五所学校合并成两所学校：湖南医科大学、长沙铁道学院、中南工业大学合并，组建中南大学；湖南财经学院、湖南大学合并，组建新的湖南大学。

上海两所学校合并：上海医科大学、复旦大学合并，组建新的复旦大学。

我们的工作是考察全部校级领导干部，组建新建学校的领导班子。地方党委（组织部门）、政府（教育行政部门）配合，紧锣密鼓地与相关人员谈话、与地方交换意见、三人小组会研究，及时向北京汇报情况，接受指示。

时间紧，任务重，三人小组工作异常紧张。三人小组中，我只是个"跑龙套"的，配合做些辅助工作，不累心，正好近距离观察我们高校领导干部的众生相。我常常乐观地想，这种现实随着社会渐进的过程，慢慢地改变，总有一天会达到理论与实践的统一。

高教改革是集团作战，我们被指定为综合归口部门（离不开兄弟单位和本单位相关部门的支持与配合，并各有侧重与专攻），所以承担了相对多的任务，也做出了一些成绩。可大家一致认为，头功应归于把控方向、统揽全局的周远清。在一个高教发展的重要时期，能启用周远清这样的干部是教育事业的幸运。

周远清的思维、眼界、能力和人格魅力，也令我刮目相看。众望所归，他成为高教团队的核心与灵魂。

在总结高校合并工作时，周远清充满自信地说："通过合并，中国又重新有了文、理、工、农、医等各学科门类齐全的综合性大学。可以预计，经过十年左右的发展……将会引起中国重点大学格局的变化。从这个意义上说，合并是一项战略性措施……对中国的高等教育势必产生深远的影响。"（《周远清教育文集》第二卷244页）

周远清非常重视高等教育的立法和高等教育理论的研究，并把两方面紧密地结合起来，以科研成果为立法提供理论依据。积极、主动配合法规部门，推动该项工作。中华人民共和国《高等教育法》的颁布（中华人民共和国第九届全国人民代表大会常务委员会第四次会议于1998年8月29日通过，自1999年1月1日施行），使我国的高等教育改革和发展逐步科学化、法制化，改变了无法可依的局面，避免了过去单纯的行政决策的缺陷。

1993年，他提出逐渐探索和建立社会对人才质量的监测和评价体系并全面、分类、有序地开展"普通高等学校教学评估工作"（以下简称"评估"）。

　　这是一个提高教育教学质量的重要举措，也是一项巨大工程。政府主管部门组建了有 300 多位专家（包括各个学科）的评估专家组，采取强有力的行政手段主持操作，把握大方向，并全力推行校校过关。在那一历史阶段，这一举措对加大高校的经费投入、规范管理、提高质量起了重要作用，是一次成功的教学改革实践，也是一次积极的探索。

　　1998 年，我作为行政部门的代表陪同专家组参加过对北京农学院和湛江海洋大学（现为广东海洋大学）两所学校的"评估"，感受颇深。

　　第一，"评估"促进了各个学校教育思想的大讨论，促进了教育指导思想的升华，从而明确本校的定位，找准自己的发展与奋斗的方向和目标。

　　第二，"评估"调动了学校各个部门的积极性，领导、教师、职工、学生（甚至家长）都来关心和参与学校的建设与发展，增强了凝聚力。

　　第三，学校适应社会主义市场经济的需求，为地方的经济建设和社会发展培养人才，也引起地方政府的关注与支持。

　　从宏观上考量，"评估"还在全国高教系统自发地引发了一次"大串联"，形成了全国范围内高教战线教育思想的大讨论、大交流，改革经验的大传播，其影响可以想象。

　　这样的局面让厉远清异常兴奋，"这就是我早就希望的，就是要建立符合我国国情、有中国特色的高等教育质量监控和评估制度与体系。"（《周远清教育文集》第二卷 730 页）

　　但这种评价模式对评价体系的科学性、评价工作的严肃性、评价结果的公正性会不可避免地带来负面影响，要达到"政府主导、中介主持、专家实施、社会监督……"的理想模式，还有很长的路要走。

2000年11月1日，周远清接任中国高等教育学会第四任会长（第一任、第二任会长蒋南翔，第三任会长何东昌）。我也从这时起，成为他的秘书。

中国高等教育学会成立于1983年5月，是全国高教界的学术性社团组织。周远清到学会"挂帅"实际是退居二线，过渡一下就回家养老了。可他却全身心投入，不失时机，利用这个平台和在高教战线的影响力，大张旗鼓地上演了一部更为精彩的新世纪中国高教改革与发展的连续剧（他最终做了两届会长）。

周远清在他的就任演说中就提出，要大力加强高等教育研究，没有高水平的高等教育科学研究，就不可能有高水平的高等教育；他热切期望，我们的大学要出教育思想、办学理念、教育理论；他的着眼点是要加快高等教育决策的科学化、民主化、法制化进程。

他亲自主持的重大课题有"建设有中国特色社会主义高等教育理论要点""21世纪中国高等教育""高等教育强国""中国特色高等教育思想体系"等，这些研究成果对高等教育的改革与发展具有重要的指导作用，并且产生了深刻的影响。

他专门组织全国高等教育学优秀博士论文评选和一些教育科学研究项目，既扶持以前重视不足、发展相对滞后高等教育学科，也为培养教育家做着努力。

他发起每年一届的"高等教育国际论坛"，开阔国际视野，促进高等教育的创新，建设高等教育强国。

我给周远清做秘书的 10 年，是非常忙碌的 10 年，每年不少于 110 天活跃在战线上。参加全国性、地方教育部门和学校举办的各种活动；考察工作、应邀作报告（10 余年间，他为高校、教育行政部门、科研机构及其他单位作报告数百场次）……他马不停蹄、为高等教育事业"奔走呼号"。

常有这样的情况，一个学校因制定学校发展规划，班子里意见难以统一，把他请云，讲一讲问题就解决了。遇到类似情况，他有求必应，绝不推诿。

有时，上午还在海南（二十七八摄氏度，有人下海游泳），下午回到北京，不出机场，几个小时后，飞到哈尔滨（近零下三十摄氏度，冰天雪地）。

很多学校都希望能阶段性请他去为学校把把脉，对学校的发展提些指导和建议。他们想出了一些办法，有的聘他为兼职教授，有的聘他为高级顾问、专家组组长……目的就是能更方便、更有理由请他去。所以，他的工作日程总是安排得很满。我跟随他跑了 600 余所学校，有的学校去过 10 次以上（如集美大学等）。全国所有的省会城市以及台湾省，香港、澳门特别行政区我都走遍了；有的省，像湖南省的 14 个地、市一个不落我都去过。

周远清对高等教育有着非常深厚的感情，他每到一所学校，看到学校的发展、变化，就兴奋不已。一个南方很炎热的夏日，我们考察一个正在兴建中的学校，工地上也没有休息的地方。学校的相关人员带着他从一个在建中的建筑到另一个建筑，历时一个多小时，大家都已汗流浃背，口干舌燥，有些吃不消了。可他太投入了，只顾问这问那，出的汗浸透了背心、衬衫，一直打湿到裤腰部位，可他似乎根本没感觉到这些。

10年时间，高教学会拓展了工作，凝聚了力量，为高教改革与发展做出了巨大的贡献，也提升了学会自身在业内的权威性和号召力。会刊《中国高教研究》也渐渐走出平淡，登上了高地。

战线上有人客观地总结了这个事实——周远清使"中国高等教育学会起死回生"。

在国家大政方针的指引下，在主管领导的信任与支持下，周远清不负众望，发动、团结、领导高教战线的千万同仁，一起开创了我国高等教育史上一个"黄金时代"——周远清时代。

经历过那个时期的许多高教人，都很怀念那个承前启后的时代。

第五编
周远清常用的教育格言
20 句

周远清教育格言是周远清在长期的教育改革实践过程中感悟凝练出来的，既是他自己行为规范的准则，又体现了他在教育改革实践中的教育思想。2020年，王静修梳理了"周远清教育格言200条"等，并在《中国高教研究》杂志微信公众号首发，先后得到光明网微信公众平台、学习强国平台、《教育家》杂志微信平台以及"搜狐"公众号等转发，引起高等教育界的热烈反响。教育战线的一些同行反映"周部长这些名句读起来，真的是至理名言，这么久了，仍然有重要的引领和指导价值"。编者精心梳理了20句周远清常用的教育格言。

1. 强化"三个意识"建设高等教育强国。[1]

2. 大改革、大发展、大提高、建强国。

3. 高等教育强国要出具有影响力的教育思想。

4. 建设高等教育科学研究强国是建设中国特色高等教育的必须。

5. 国际视野、中国道路。

6. 世界上的教育其实没有"共轨"，世界上各个国家教育的发展道路也没有"共轨"。

7. 教育思想和教育观念的改革是先导、体制改革是关键、教学改革是核心。

8. 教育思想是高等教育改革发展的灵魂。

---

[1] 三个意识：1. 国际意识。强化国际意识是为了使我国高等教育在21世纪立于世界之林，实现更高的目标。2. 素质意识。强化素质意识是为了使我国高等教育在21世纪培养素质更高质量更高的人才。3. 改革意识。为了达到上述目的，必须强化改革意识，走出中国高等教育自己的发展之路。

9. 高等教育要坚持规模质量结构效益协调发展。

10. 高等教育发展要念好四本经：培养人是学校的根本任务，提高质量是学校的生命线，本科教育是基础，知识、能力、素质是培养人的三要素。

11. 专业设置过窄，教学内容偏旧，外语水平偏低，人才培养模式单一，教学方法偏死，人文教育过弱。

12. 教学工作中存在四个投入不足：教学经费投入不足，领导精力投入不足，部分教师对教学工作投入不足，部分学生对学习投入不足。

13. 教务处是天下第一大处。

14. 学风是一门没有列入课表的必修课。

15. 中国需要来一次教学方法的大改革。

16. 三注、三提高、三结合。（三注：注重素质教育、注视创新能力培养、注意个性发展；三提高：提高大学生的文化素质、提高全体教师的文化素养、提高大学的文化品位与格调；三结合：文化素质教育与教师文化素养的提高相结合、文化素质教育与思想政治教育相结合、人文教育与科学教育相结合。）

17. 培养的学生要基础知识扎实、知识面宽、能力强、素质高。

18. 中国现在的大学里什么都研究，就是不研究自己，就是不研究教育。

19. 本科阶段是学生人生观世界观养成的重要时期，忽视本科教育就是误人子弟的教育。

20. 我的四情："教学改革情结、素质教育情怀、高教研究情愫、高教强国情缘"。

图书在版编目（ＣＩＰ）数据

周远清教育人生. 二 / 肖笑飞编. -- 北京 ： 高等
教育出版社，2024.5
ISBN 978-7-04-062239-3

Ⅰ．①周… Ⅱ．①肖… Ⅲ．①教育－文集 Ⅳ.
①G4-53

中国国家版本馆CIP数据核字(2024)第094187号

Zhouyuanqing Jiaoyu Rensheng (Er)

| 策划编辑 | 王 瑜 | 责任编辑 | 王莉莉 | 封面设计 | 张 楠 | 版式设计 | 张 楠 |
| 责任绘图 | 杨伟露 | 责任校对 | 张 薇 | 责任印制 | 赵义民 | | |

出版发行	高等教育出版社		网　　址	http://www.hep.edu.cn
社　　址	北京市西城区德外大街 4 号			http://www.hep.com.cn
邮政编码	100120		网上订购	http://www.hepmall.com.cn
印　　刷	北京中科印刷有限公司			http://www.hepmall.com
开　　本	787mm×1092mm 1/16			http://www.hepmall.cn
印　　张	17.75			
字　　数	200 千字		版　　次	2024 年 5 月第 1 版
购书热线	010-58581118		印　　次	2024 年 5 月第 1 次印刷
咨询电话	400-810-0598		定　　价	64.00 元

中国高等教育学会

高学会〔2023〕82号

关于表彰
"中国高等教育学会卓越贡献奖"
"中国高等教育学会高等教育研究终身成就奖"
获得者的决定

学会秘书处、各分支机构、各会员高校：

今年是中国高等教育学会成立40周年。40年来，在教育部坚强领导下，学会与我国高等教育事业发展同向同行，在这极不平凡的历史征程上，涌现出一大批教育情怀深厚、勤勉敬业、无私奉献的学会工作者。为表彰他们在高等教育改革实践和理论研究中作出的突出贡献，在广泛听取意见的基础上，学会第八届理事会第8次会长办公会研究决定，授予蒋南翔、周远清同志"中国高等教育学会卓越贡献奖"荣誉称号；授予潘懋元同志"中国高等教育学会高等教育研究终身成就奖"荣誉称号。

希望广大学会工作者、会员高校师生和高等教育研究者学习他们忠诚党的教育事业、以立德树人为己任的使命担当，学习他们潜心研究、守正创新的探索精神，以昂扬的精神面貌和工作热情，积极投身到建设中国特色、世界一流高等教育学术社团的宏伟事业中来，共同谱写建设高等教育强国新篇章。

中国高等教育学会

2023 年 7 月 18 日

"中国高等教育学会卓越贡献奖"颁奖词

勇立潮头促改革，笔耕不辍做学问。

他忠诚党的教育事业，奉献学会工作十二载，发表学术论文、讲话报告四百余篇，高教强国理论研究硕果累累。

他厚植教育事业情怀，坚守质量是高等教育的生命线理念，推动大学文化素质教育蓬勃开展。

他重视高校教改研究，坚持教学是高等教育永恒的主题，力推研究机构交流合作。

他强调立足本土文化，借鉴国际经验，创办高等教育国际论坛，为促进国际交流发挥重要作用。

他勇担时代使命责任，力推高等教育大改革大发展大提高，堪称高等教育改革发展的管家、行家、教育家。

他，就是中国高等教育学会第四届、第五届理事会会长——周远清。

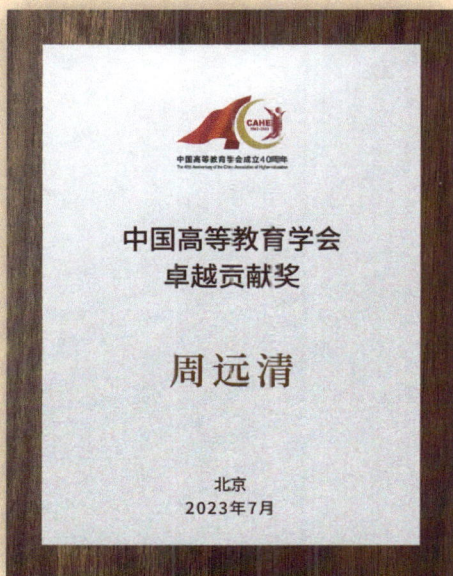

2023 年 7 月 30 日，原国务委员、第十一届全国人大常委会副委员长陈至立在"纪念中国高等教育学会成立 40 周年大会"上为周远清颁发"中国高等教育学会卓越贡献奖"。